위대한 결단은 어떻게 하는가

어떻게 하는가

GREAT DECISION

가림출판사

위대한 결단

사람은 누구나 한 벌 옷도 걸치지 못하고 태어난다. 가난한 집에서 태어난 아이나, 부잣집에서 태어난 아이나 여자나 남자나 비슷한 조건을 갖고 태어난다. 세상은 불공평한 것 같지만 그래서 공평하다.

문제는 그다음부터다.

아이는 빈주먹을 불끈 쥐고 울어재끼다가 사방을 둘러보기 시작하면서부터 조금씩 달라지기 시작한다.

여기는 어디인가?

나는 왜 이곳에서 혼자 울고 있는가?

세상에 태어난 아이는 자신도 모르게 그렇게 생각하며 하나씩 깨달아 가기 시작한다. 그러면서 매순간 태어날 때 주어진 자신의 달란트를 찾아간다.

이때 유복한 가정, 자애로운 부모님에게서 태어난 아이는 조금 유리하기는 할 것이다. 왜냐하면 세상을 따뜻하게 바라보는 시선을 어머니와 아버지, 그리고 주위의 환경이 가져다주기 때문이다.

그러나 반드시 그렇지만도 않다는 사실을 인식해야 한다. 성공한 사람, 세상을 뒤흔든 위인들 중에는 핏덩이로 길거리에 버려진 사람도 있고, 초등학교도 제대로 못 나온 사람도 있고, 신체적 결함이 있는 사람도 있다. 또 부랑아로 세상을 떠돌다가 깨달아지는 어떤 느낌 하나를 붙잡고 성공의 가도를 달리기 시작한 사람도 있다. 탁월한 선택을 하는 사람들 중에는 이것이다 싶으면 대학을 중퇴하고 바로 자신의 일에 매달려서 남들은 꿈도 못 꾸는 성공을 거머쥔다. 그것이 필자가 말하는 위대한 결단의 순간이다.

위대한 결단

이 책에 실린 사람들은 성공한 사람들의 대표적인 케이스다. 그들에게는 운도 따랐을 것이고, 주위 사람들의 도움도 있었을 것이다. 하지만 문제는 본인이다.

어떤 순간의 결단이 그를 위대하게 만들기도 하고 실패의 구렁텅이로 떨어뜨려 버리기도 한다. 성공한 사람들 중에는 한 번도 실패를 해본 경험이 없는 사람도 있겠지만 그것은 진정한 성공이 아니다. 패배의 쓴잔을 마시고 좌절과 방황 끝에 그것을 딛고 일어서는 사람이 진정 성공한 사람이 아닐까?

한 벌 옷도 걸치지 못하고 태어났는데 무엇을 그다지 두려워하는가? 사람들은 빼앗길 것이 있다고 생각해서 아무런 일도 못하는 경우가 많다. 물론 사랑하는 가족과 평안하고 안온한 미래를 버리고 싶은 사람은 없을 것이다. 그래서 우리 주위에는 아무것도 버리지 못하는 사람이 많다. 그런 사람들을 소시민이라고 한다. 그들은 소소한 행복을 누릴지 모르지만 역사를 바꿀 위대한 삶은 살지 못한다.

아무 것도 버리지 못하는 사람은 아무 것도 이루지 못한다. 이 세상에는 무소유의 삶을 살면서 세상에 많은 것을 돌려주는 사람들이 있다. 위대한 결단을 내리는 사람은 조금은 남달라야 하는 법이다.

이 책을 읽는 여러분의 인생을 바꾸게 될 인류사에 빛날, 위대한 결단을 내릴 수 있는 날이 오기를 기원한다.

이 채 윤

정치적 결단과
카리스마

조선소 노동자로 일한 **황제**

표트르 1세

★ **표트르 1세(Pyotr I, 1672~1725년)**

근대화를 강력하게 추진한 개혁을 통해 러시아를 제국으로 성장시켰다. 그는 정규적인 교육이라고는 거의 받지 못하고 자랐으나, 총명한 두뇌와 초인적인 정력으로 러시아에 거주하던 외국인들로부터 수학·포술(砲術)·항해술·축성술 등의 지식과 기술을 배웠다. 러시아의 군주로서는 최초로 서유럽 각국을 여행하여 견문을 넓히고 돌아와 러시아의 선진화에 박차를 가했다. 그는 러시아력(曆)을 폐지하고 율리우스력을 사용하도록 했으며 복잡한 문자를 단순화하고, 최초의 신문을 발간했고, 각종 학교를 세우고, 과학아카데미를 창설했다.

그는 21년이나 지속된 스웨덴과 북방전쟁에서 승리를 거두고, '유럽으로 난 창'이라고 부르는 새로운 수도 페테르부르크(표트르의 도시라는 뜻)를 건설하여, 바다로의 진출에 성공한 후, 부국강병책으로서 군사·행정·산업·교육·종교 등 각 분야에 걸친 개혁을 단행하여 절대주의 왕정을 확립하고 러시아를 유럽열강으로 올려놓았다.

*러시아의 표트르 1세*는 후진국 러시아를 개혁해서 강대국으로 만든 계몽군주이다. 그는 솔선수범하는 리더십으로 '위로부터의 개혁'을 추진해서 러시아의 면모를 일신했다. 당시 러시아는 유명한 농민반란의 지도자 스텐카 라진이 체포, 처형되는 등 아주 혼탁한 정치적 기류가 흐르고 있었다.

표트르 1세는 1682년 10살의 나이로 즉위해서 25세의 누이 소피아의 섭정 아래 공동통치를 하게 되었지만 1689년 소피아를 수녀원에 유폐시키고 정권을 공고히 했다. 이 청년 군주는 앞선 유럽의 문물을 받아들이기 위해서 1697년, 250명이 넘는 대규모 사절단을 유럽에 파견했는데, 자신이 직접 사절단의 일원으로 참가했다. 그의 목적은 서구의 발달된 군사기술, 특히 조선술을 배우는 것이었다.

그는 네덜란드 동인도회사의 조선소에 신분을 숨기고 들어가서 조선술을 배웠다. 그 후 그는 런던으로 건너가서 조선기술의 이론과 제도법도 공부했다. 그는 지적 호기심이 대단해서 가는 곳마다 질문을 서슴지 않았다. 그는 조선소뿐만 아니라 병원, 목공소, 해군시설 등등 사회 전반에 대한 것을 모조리 관찰했다. 그러나 이런 공부를 하고 있는 도중 근위대가 반란을 일으키는 사건이 일어났다.

표트르 1세는 급거 귀국해서 반란을 진압했다. 그 후 그는 자신이 유럽에서 보고 듣고 배운 것을 토대로 러시아 사회 전반에 대한 대대적인 개혁조치를 단행하기 시작했다. 13세기 이후 러시아는 칭기즈칸에 정복되어 200여 년간 몽고의 지배를 받고 있었다. 그는 후진국 러시아를 부강케 하는 길은 몽고의 잔재를 완전히 떨어버리고 유럽화 하는 것뿐이라는 결론을 내렸다.

표트르 1세는 우선 궁정귀족들의 수염을 자르게 하고, 여자들에게는 유럽식 복장을 입도록 했다. 그는 러시아 군에 대한 개편도 단행했다. 그는 육군과 해군의 양성과 서유럽과 러시아를 이어줄 항구 개척, 이 두 가지에 사업의 명운을 걸었다.

1700년, 표트르 1세는 마침내 발트 해로 진출했다. '서방으로의 창'을 얻기 위해서였다. 그러나 당시 발트 해는 강대국 스웨덴의 활동무대였다. 러시아는 덴마크, 폴란드와 동맹을 맺고 스웨덴에게 선전포고를 했다. 이른바 '북방전쟁'이 시작된 것이다. 그러나 그해 11월, 나르바 전투에서 4만 명의 러시아 군은 스웨덴의 찰스 12세가 이끄는 8천 명의 정예부대에게 참패를 당하고 말았다. 이에 충격을 받은 표트르 1세는 러시아 군의 개혁에 박차를 가했다. 그는 해군을 창설하고, 21만 명의 육군을 키웠으며, 군수물자 생산 공장과 도로, 운하를 건설했다. 당시 러시아의 군사비 지출은 국가재정의 무려 3분의 2를 차지할 정도였다.

스웨덴과의 북방전쟁은 21년간이나 계속되었는데 1721년 러시아의 승리로 끝이 났다. 표트르 1세는 이 전쟁을 수행하는 일에 엄청난 정력을 쏟았다. 그는 전투를 직접 지휘도 하고 심지어는 도끼를 들고 조선소에서 직접 작업을 하기도 했다.

표트르 1세는 개혁을 완성하기 위해서 천도의 필요성을 느끼고 새로운 수도를 건설하기 시작했다. 새로운 수도의 이름은 '표트르의 도시'라는 뜻인 페테르부르크라고 붙였다. 새 수도가 완성되자 표트르 1세는 수도를 모스크바에서 페테르부르크로 옮겼다. 표트르 1세는 '차르' 칭호를 받고 '대제'라는 칭호로 불리게 되었다. 그 후 러시아는 그의 꿈의 설계대로 유럽의 강국으로 성장했다.

미국 역사의 전통을 세운 미국의 국부

민주주의

조지 워싱턴

★ **조지 워싱턴(George Washington, 1732~1799년)**

부유한 농장주의 아들로 태어나 청년시절 토지측량관으로 출발했으나, 버지니아 의회 의원을 지내는 등 전형적인 대농장주의 길을 걸었다. 영국의 과도한 식민지 정책에 반발해서 무력항쟁이 결의되자, 그는 13개 식민지 전체의 독립혁명군 총사령관에 추대되었다. 총사령관으로 있으면서 강력한 세계 최강의 군대인 영국군을 상대로 어려운 전쟁을 수행하다가 1781년 10월 프랑스군의 원조를 받아 요크타운전투에서 결정적인 승리를 거두고 독립전쟁을 성공으로 이끌었다. 1783년 강화조약이 체결되자 군의 통수권을 반환하고 고향으로 돌아왔으나 연합회의가 무력화 되고 미국 독립이 위기에 처하게 되자 1787년 필라델피아 연방헌법제정회의에서 의장으로 추대되어 강력한 중앙정부의 수립에 공헌했다. 1789년에는 만장일치로 미국 초대 대통령으로 선출되었고, 1792년에 재선되었다. 3선 대통령으로 추대되었으나 민주주의 전통을 세워야 한다는 이유로 끝내 사양했다.

미국의 초대대통령 조지 워싱턴 절대 권력자가 될 수 있었음에도 불구하고 명예로운 은퇴를 통해 미국 민주주의의 전통을 세움으로써 '미국의 국부'로 추앙받고 있다. 워싱턴은 미국 독립전쟁에서 많은 사람이 자기들의 주(州)만을 위해 싸우던 때에 이미 '전국적인' 안목을 가지고 각 주의 군대를 통합하여 '대륙 군대'를 창설하려고 애썼다. 그는 현실주의자로서 캐나다에서 프랑스군을 쫓아낼 때는 영국군과 손을 잡았고, 나중에 미국이 영국으로부터 독립을 하고자 할 때는 프랑스군과 손을 잡음으로써 이익을 챙겼으며, 독립전쟁에서 승리한 후에는 아무런 미련 없이 고향으로 돌아갔다. 그 후 그는 6년 동안 고향에서 전원생활을 하다가 여러 사람들의 강력한 요청에 따라 신생공화국의 초대 대통령이 되었다.

워싱턴은 독립전쟁과 대통령직 수행 과정에서 탁월한 능력을 발휘했지만 그가 지금도 위대한 인물로 평가 받는 것은 자신의 손에 들어 온 권력을 아낌없이 내놓을 줄 알았다는데 있다. 미국이 독립을 쟁취했을 때 그의 주변에서는 그를 왕으로 추대하려는 움직임이 있었지만 워싱턴은 그러한 움직임에 제동을 걸고, 세계 역사상 그다지 검증되지 않았던 대통령제를 시행하는 결단을 보여주었다. 대부분의 국민들은 대통령이란 자리가 무엇인지 이해를 하지 못하고 있고, '선출된 왕' 정도로 생각하고 있을 때, 그는 새로운 민주적 '공화국'을 위해 스스로 카리스마적 권위를 버렸다. 그는 의회를 존중했고, 새로운 헌법에 충실했다. 첫 번째 임기가 끝나고 퇴임 연설까지 준비했지만, 그는 의회와 국민들의 요청에 따라 다시 대통령에 추대 되었다. 그의 비판자들조차도 나라가 그를 필요로 한다는 사실을 인정했다.

워싱턴이 대통령에 취임한 1789년 이후 약 10년간은 강력한 중앙정부를 만들려는 연방주의자와 각 주의 독립과 자유를 지키려는 반연방주의자로 분열과 정치싸움이 심한 때였다. 그때 워싱턴은 두 파의 인물들을 고르게 등용하여 지도자로서 뛰어난 면모를 보여주었다. 두 번째 임기가 끝나자 모든 사람들은 그에게 '종신대통령'을 간청했지만, 워싱턴은 완강하게 사의를 표시했고 결국 그 뜻을 이루었다.

대통령직을 떠나면서 그는 유명한 "고별사"를 발표했는데, 이 것이 미국 민주주의의 전통을 세우는 신성한 자료가 되었다. 그 후 미국의 대통령들은 아무리 막강한 권력을 행사한다 해도 헌법과 법제도 아래에 있게 되었으며, 결코 독재적 지도자가 될 수 없다는 전통을 세운 것이다. 권력을 잡은 워싱턴이 강력한 중앙정부를 만들지 않았다는 사실은 미국의 위대한 유산이 되었다. 그는 독립 전쟁 때는 의회의 대리인이며, 대통령의 직위에 있을 때는 국민의 대리인이란 점을 항상 강조했다. 그는 권력을 양보함으로써 권력을 얻었고 자신이 아끼던 명예를 지켰다.

워싱턴은 결국 시민 워싱턴으로 생을 마감했다. 그의 사후에 미국 의회는 그의 죽음을 애도하며 '전쟁에서도 평화에서도 제1인자이고, 국민의 마음속에 떠오르는 최초의 인물'이라는 찬사를 보냈다. 카이사르, 크롬웰, 나폴레옹에 이르는 혁명가들의 역사를 살펴

보면, 권력을 얻기보다 포기하는 것이 더욱 힘들다는 것을 알 수 있다. 위싱턴은 자신의 뜻으로 떠났고, 전설에 나오는 인물들에 필적하는 삶을 살았다. 그는 미국 대중민주주의를 창조해내는데 가장 큰 역할을 한 사람으로 평가된다.

베트남의 혼

호치민

★ **호치민(Ho Chi Minh, 1890～1969년)**

베트남 민족해방 최고 지도자이자 베트남민주공화국 초대 대통령이다. 프랑스 식민
치하에서 태어난 그는 반(反)프랑스 운동의 영향을 받으며 성장했다. 베트남 북부 위
에의 코크호크대학에서 공부한 뒤, 프랑스 외항선의 요리사가 되어 어렵게 프랑스로
가서 공부를 했다. 국제 노동운동 조직인 코민테른에 참여하고 각국의 현실을 경험
하면서 자본주의체제를 타파하고 노동자를 해방시키고자 하는 사회주의 사상가로
변신했다. 1930년, 인도차이나 공산당을 창립하고 조국의 주변을 돌며 독립 투쟁을
벌이다 홍콩의 영국 관헌에게 체포되었다. 이때 사망설이 나돌아 모스크바에서는 장
례식까지 치러졌으나 1933년 석방되어 모스크바로 가서 조국 혁명을 지도했고 베트
남에 잠입한 후 베트남 독립동맹(베트민)을 결성 투쟁에 임했다. 30여 년 동안 베트
남 민족운동의 최고 지도자였으며 제 2차 세계대전 후 아시아의 반식민지운동을 이
끈 가장 영향력 있는 공산주의 지도자로 꼽힌다.

호치민은 '베트남의 혼, 베트남의 국부'로 추앙받는 최고의 인물이다. 그는 전혀 투사 같지 않은 호리호리한 외모에 온화한 성격을 지닌 사람임에도 불구하고 강력한 카리스마를 발휘한 뛰어난 지도자였다. 그는 프랑스 식민지배에 대한 민중봉기가 한창인 19세기 말, 중부 베트남의 게친주(州)에서 태어나 유학자이며 하급관리 출신인 아버지에게 자유와 독립보다 귀한 것은 없다는 가르침을 받으며 자라났다.

1911년, 청년이 된 호치민은 '프랑스를 이기기 위해서는 프랑스를 알아야 한다.'고 결심하고 프랑스로 떠난다. 그는 구엔아이(애국자 구엔)라는 이름으로 식민지 해방운동에 참가, 혁명지도자로 성장했고, 1919년 제1차 세계대전 후에 열린 베르사유 회의에 베트남대표로 출석하여 '베트남 인민의 8항목의 요구'를 제출함으로써 일약 베트남의 지도자로 떠올랐다. 그 후 그는 1930년, 인도차이나 공산당을 창립하고, 유럽과 중국, 소련 등지에서 조국 해방을 위한 투쟁에 매진한다.

1941년, 호치민은 30년이라는 길고 긴 망명생활을 마치고, 카오방 지역의 북서부에 있는 거대한 석회암 지대를 통해 다시금 조국의 땅을 밟았다. 거의 1세기 동안 베트남을 지배해온 강력한 프랑스에 의해서 모든 독립운동 세력이 전멸된 상태에서 내린 결단이었다. 카오방 지역의 북서부에 있는 거대한 석회암 지대를 통해 국내로 잠입한 그의 손에는 등나무로 만든 여행가방과 타자기만이 들려 있었다. 그는 물질적 기반도 없고 주위 인물들도 몇 명 되지 않았지만, 자신이 직접 타자기로 만든 팸플릿과 신문을 대량 복사해서 끈질긴 조직 활동과 정치교육을 통해 마을에서 마을로 주민을 포섭해 나갔다. 그때부터 호치민은 이름을 50번씩이나 바꾸어 가면서 사람들을 경악시킬 만큼 엄청난 통찰력과 믿기지 않는 정세판단력으로 '호 아저씨'의 신화를 만들어 나갔다.

제2차 세계대전의 와중에 베트남은 프랑스, 일본, 미국의 각축장으로 변해서 독립의 전망은 더욱 불투명해졌으나 그는 신출귀몰한 게릴라전과 고도의 심리전을 펼치며 프랑스, 일본, 미국을 상대로 싸웠다. 그는 적들 사이의 모순 관계를 이용해서 비밀전략과 기만전술을 구사하면서 적을 혼란에 빠트렸다. 드디어 호치민은 자신이 직접 고안해낸 새로운 전투 수행방식으로 1953년 디엔비엔푸 전투를 직접 지휘해서 승리를 거둠으로써 프랑스를 몰아내고 독립을 쟁취했다.

그러나 그것이 끝은 아니었다. 공산화의 도미노를 우려한 미국이 베트남의 통일을 가로 막고 나선 것이다. 최첨단 무기로 무장한 미국은 히로시마 원폭의 450배나 되는 1,300만 톤의 폭탄을 쏟아부으며 베트남 전토를 초토화 해나갔다. 그러나 호치민을 따르는 베트남 사람들은 악바리 같았다. 통킹 만 전투의 경우, 미군의 폭격으로 남부와 북부의 통신이 두절된 상황에서 기근이 덮쳐 수백만의 희생자가 났지만 그들은 물러서지 않았다. 베트남 사람들은 호치민의 지시라면 아무런 의심도 품지 않고 그를 따랐다. 그들은 마지막 한 사람까지도 계속해서 죽음을 감내하며 전쟁에 임했고, 베트남은 결국 승리를 거두었다.

전쟁의 승리를 좌우하는 것은 무기가 아니라 '사람의 정신과 의지' 라는 것을 호치민은 가르쳐 준 것이다. 그는 지금도 국민들에게 '호 아저씨' 라고 불리며 노인부터 아이들에 이르기까지 국민 모두에게 사랑을 받고 있다. 1969년 그는 조국의 통일을 보지 못하고 세상을 떠났지만 베트남 사람들은 그를 베트남의 혼을 심어 준 사람으로 믿어 의심하지 않는다. 그는 일생을 독신으로 살았으며, 아무런 재산도 남기지 않았다.

미래를 내다본
우주 계획을 세우다

뉴 프론티어
정신으로!

AMERICA

존 F. 케네디

1961년 5월 25일, 존 F. 케네디는 미국 상하원 합동회의에서 인류역사의 진로를 바꿔놓을 연설을 했다.

"우리는 달에 가는 것을 선택했습니다. 그것은 쉬워서가 아니라 어렵기 때문입니다. 이 도전을 우리는 받아들일 것이며, 연기하지도 않을 것이고, 우리는 승리할 것입니다. 1960년대가 끝나기 전까지는 인간을 달세계에 착륙시키고, 무사히 지구까지 귀환시키는 목표를 달성할 것입니다."

케네디의 연설에 미국인들은 깜짝 놀라서 흥분하며 크게 열광했다. 그것은 구(舊)소련의 가가린(Gagarin)이 인류 최초의 우주비행에 성공해서 미국에 '가가린 쇼크'를 안긴 지 43일 만의 일이었기에 구겨진 미국인의 자존심 때문이기도 했다. 당시는 미국과 소련이 냉전시대를 맞이해서 아주 사소한 문제에서도 첨예하게 대립하던 시기였다. 그래서 대다수의 미국인들은 케네디의 이런 발표에 아주 흥분하면서 열렬한 지지를 보냈다. 하지만 반대하는 국민도 만만치 않았다. 많은 보수적 미국인들은 반신반의 하면서 '우주 개발을 왜 하는가?'라고 물었다. 그들은 케네디의 우주 개발 계획이 단지 소련과의 경쟁을 위한, 급하게 날조된 계획이라고 몰아붙이기도 했다. 1962년 9월 12일, 텍사스 휴스턴 라이스 대학 연설에서 케네디는 이렇게 대답했다.

"우주가 거기 있기 때문에 우리는 거기에 오릅니다. 달과 행성들이 거기 있기 때문에, 지식과 평화에 대한 새로운 희망이 그곳에 존재합니다. 그래서 우리는 항해하기로 결정하고 지금껏 인류가 승선한 가장 불확실하고, 가장 위험한 그리고 가장 위대한 모험이 될 것입니다."

케네디는 그렇게 말하면서 소련과의 우주 개발 경쟁에서 결정적 승리를 선취하겠다는 의지를 표명했다. 그 후 케네디는 쿠바 미사일 위기, 베를린 사태, 핵실험 금지 협상, 베트남 전쟁 등 냉전 시대의 피할 수 없는 과제를 특유의 자제력과 담대함으로 풀어나가다가 1963년 11월 22일, 암살당하는 비운을 겪었다.

그러나 케네디는 죽었어도 미국의 우주 개발은 케네디의 약속대로 그대로 추진되었다. 과연 70년대의 시작을 몇 달 앞둔 1969년 7월 20일, 케네디의 약속대로 아폴로 11호는 달에 착륙했다. 전 세계 TV가 생중계하는 가운데 닐 암스트롱이 첫 발자국을 남기며 달 표면으로 내려왔다. 올드윈이 그 뒤를 따라서 달에 발자국을 찍었다. 전 세계 사람들의 환호가 터지는 순간이었고, 두 사람은 달에 첫 발을 디딘 지구인으로 영원히 남게 되었다.

이로써 '1960년대가 끝날 때까지는 인간을 달세계에 착륙시키겠다.'는 케네디의 우주 계획은 급하게 날조된 계획이 아닌 미래를 내다본, 인류역사의 진로를 바꿔놓은 계획이라는 것이 증명되었다.

한국인으로는 최초의 우주인으로 선정된 이소연씨가 2008년 4월 소유즈 우주선에 탑승해서 많은 화제를 불러일으켰다. 많은 보수주의자 환경론자들이 우주 개발에 투입한 자금을 생산과 복지에 활용한다면 '보다 나은 사회'를 만들 수 있을 것이라는 비판을 하고 있지만 인류는 우주 개발을 통해서 기술 축적이라는 수많은 부

수효과를 얻고 있다. 케네디의 말처럼 '지식과 평화에 대한 새로운 희망이 그곳에 존재'하므로 우주 개발을 통해서 진보를 위한 발걸음을 내딛을 수 있다는 것을 간과해서는 안 될 것이다.

오늘의 **세계 역사**를
바꾼 사람

미하일 고르바초프

⭐ **미하일 고르바초프(Mikhail Gorbachev, 1931년～)**

고르바초프의 업적은 제2차 세계대전 이후 나타난 동서 냉전 체제를 종식 시키고 전 세계에 자유화의 물결을 일으킨 것이다. 그는 1985년 3월 체르넨코의 사망으로 당 서기장에 선출되자, '새로운 사회주의국가의 건설'을 주장하며 정치·사회면에서는 글라스노스트(개방), 경제면에서는 페레스트로이카(개혁)정책으로 소련사회의 전반적인 개편을 추진했다.

그는 자신의 정치생명과 소련의 운명을 걸고 보수적인 관료들을 축출하고 당 간부 선출에 복수후보제를 도입했으며, 개인기업과 일부 암시장을 용인하고 기업에 보너스제도를 도입하는 등의 개혁정책을 펼쳤다. 그의 개혁 정책은 소련 국내의 개혁과 개방뿐만 아니라, 동유럽의 민주화 개혁을 가져왔다. 그 결과 '소비에트 사회주의공화국연방이 역사의 뒤안길로 사라지고 독립국연합이 탄생했다. 고르바초프는 권력을 잃었지만 국제관계를 평화구조로 변환시키는 데 이바지 한 것에 자부심을 느끼며 "역사는 역사에 뒤쳐지는 자에게 벌을 내린다."라는 유명한 말을 남겼다.

미하일 고르바초프는 과감하게 공산주의를 포기함으로써 70여 년간 이어져 오던 전 지구적인 이념전쟁과 냉전구도를 종결시킨 정치가다.

1985년 3월 10일, 비교적 젊은 나이에 소련의 1인자가 된 고르바초프는 유명한 페레스트로이카(개혁 : Pewestroika)와 글라스노스트(개방 : Glasnost)정책을 표방하며 폐쇄적이고 정체된 소련 사회를 개방적이고 동적인 사회로 바꾸려고 노력했다. 그는 사회주의 계획 경제의 문제점을 해결하기 위해서 시장경제와 언론 자유화를 받아들이는 한편, 노동생산성 증대와 부패한 관료기구의 혁신에 힘을 기울였다.

고르바초프의 개혁 · 개방 정책은 소련사회 전반에 해빙 무드를 조성했다. 고르바초프의 집권 후, 소련의 텔레비전 방송에는 자본주의 국가의 영화가 방영되기 시작했고, 공산당에 대한 비판도 허용되었다. 또 시장경제의 요소들이 도입됨으로써 국가의 보조금과 모스크바의 지령에 의존해왔던 산업체들이 스스로 생산 · 자금 · 이윤을 관리하게 되었고, 소규모의 가내생산과 개인영업도 용인되었다.

공산주의 종주국인 소련의 개혁과 개방은 세계의 정치적 상황은 새로운 차원에 접어들게 만들었다. 고르바초프는 1987년 12월, 미국의 레이건 대통령과 '중거리핵전력협정(INF Treaty)'에 서명했으며, 1989년 말부터 1990년 사이에 동독 · 폴란드 · 헝가리 · 체코슬로바키아에 민주정부가 들어서는 것을 허용했고 소련군을 단계적으로 철수해서 냉전에 종지부를 찍었다. 1990년 여름에는 동·서독의 통일을 수락하고 통일 독일의 북대서양조약기구(NATO) 잔류에도 이의를 제기하지 않았다. 그해 고르바초프는 국제정치상의 지대한 공로를 인정받아 노벨 평화상을 수상했다.

그러나 소련 내부에서는 국가경제에 대한 통제권을 잃지 않으려는 관료들의 저항 또한 만만치 않았다. 급기야 1991년 8월 보수세력의 쿠데타로 그의 위상은 크게 손상되었다. 게다가 각 개별 공화국들의 민족적 독립 열기로 연방의 결속력이 약화되어 소련 연방은 결국 같은 해 12월 공식적으로 해체 되었고, 연방 대통령인 고르바초프는 권좌에서 물러나게 되었다. 1991년 12월 25일, 고르바초프의 사임연설이 텔레비전을 통하여 전국에 방영되었다.

"나는 이제 우려뿐만 아니라 인민 여러분의 지혜와 의지에 대한 희망을 함께 지닌 채 대통령직에서 물러납니다. 나는 알마아타 합의가 진정한 사회적 동의를 이끌어내고 개혁과정을 용이하게 하는 결과로 이어질 수 있도록 나의 능력이 닿는 한 최선을 다할 것입니다."

고르바초프는 비록 현직에서 물러났지만 이데올로기나 체제보다는 국민들의 삶의 질을 우선시한 정치가였다. 그는 과감하게 사회주의를 포기함으로써 자신의 국가뿐 아니라 인류 역사의 방향까지 바꾸어놓았다. 그의 결단은 제2차 세계대전 이래 계속된 냉전을 종식시키고 새로운 세계 질서를 창출해 내는 데 결정적인 역할을 한 것이다. 고르바초프는 소련이 아니라 전 인류의 시각에서 사고

하고 행동했던 인물이었다. 그가 개혁과 개방의 거센 바람을 세상에 불어넣지 않았다면, 우리는 아직도 냉전의 틈바구니에서 경직된 생활을 하고 있을지도 모른다. 비록 그는 옐친에 의해 밀려났지만 정치가로서의 자신의 역할은 충분히 이루어놓은 것이다. 후대 역사가들은 고르바초프의 결단을 인류의 위대한 선택이라고 평가할 것이다.

미국의 기본을 세운 사람

벤저민 프랭클린

★ **벤저민 프랭클린(Benjamin Franklin, 1706~1790년)**
프랭클린은 그의 나이 7살 때 이런 경험을 했다. 그는 어느 날 호루라기 부는 소년을 만났다. 호루라기에 온통 마음을 빼앗긴 그는 주머니에 있는 동전을 다 털어서 호루라기와 바꾸었다. 그는 집으로 돌아와서 신이 나서 호루라기를 불고 돌아다녔다. 그런데 호루라기를 얼마나 주고 샀는지 알게 된 형과 누나들이 네 배나 비싸게 호루라기를 샀다고 놀려댔다. 그는 분해서 엉엉 울고 말았다. 곰곰이 생각할수록 분하고 억울해서 호루라기 부는 것이 하나도 재미없어졌다. 유년기의 이 같은 기억은 프랭클린에게 오래도록 잊지 못할 교훈이 되었다. 훗날 노인이 되었을 때 그는 어린 시절을 회상하며 이렇게 말했다.
"사회생활을 하면서 수많은 사람들과 만나면서 그들의 행동을 살펴볼 기회가 많았습니다. 나는 그들을 관찰하면서 대부분의 사람들이 '피리 값을 너무 많이 지불하고 있다'는 것을 알게 되었습니다. 나는 인간의 불행은 대부분 사물의 가치를 잘못 평가해서 '피리 값을 너무 많이 지불하는 데' 그 원인이 있다는 결론을 내렸습니다."

100달러짜리 지폐의 주인공 벤저민 프랭클린은 사업가, 언론인, 정치가, 외교관, 과학자, 발명가, 철학자, 저술가로 활동하면서 신문 발행인, 고효율 스토브의 발명, 피뢰침 발명, 미국 독립 선언 기초, 미국 헌법 기초, 체신부 장관, 펜실베이니아 대학 설립 등 한 사람이 한 일이라고는 믿어지지 않을 정도로 많고 광범위한 업적을 남겼다.

프랭클린은 1706년, 보스턴의 가난한 집안에서 17자녀 중 15째로 태어났다. 그는 7살 때 라틴어 학교에 입학해서 글을 일찍이 깨우치고 우수한 성적을 나타냈지만 비싼 학비 때문에 결국 중퇴하고 비누를 만드는 아버지의 일을 도와야 했다. 그는 12살이 되면서 형 제임스가 경영하던 인쇄소에서 일하게 되었다. 인쇄소에서 일을 하다 보니 좋은 책에 접근할 기회가 많아서 그는 책을 읽고 글 쓰는 기술을 다듬어 나갈 수 있었다. 대단한 노력가였던 그는 일을 빨리 배워서 금방 숙련공이 되었고, 박학다식하고 사려 깊은 청년으로 장성했다.

1729년, 프랭클린은 23살의 젊은 나이에 직접 인쇄소를 차렸다. 성실과 신용을 바탕으로 한 그의 사업은 신문을 발행하면서부터 엄청난 성공을 거두었고 그를 미국 사회의 명사로 만들어 주었다. 그런데 그때 프랭클린은 자신의 생애를 가름하는 아주 중대한 결단을 내린다. 그는 42세의 젊은 나이에 사업에서의 은퇴를 결심한 것이다. 사업이 최고의 성공을 거두고 부와 명성을 쌓아가던 그 시기에 그러한 결심을 하는 것은 보통 사람들에게는 그다지 쉬운 일이 아니었지만 그는 사업에서의 성공보다 자신이 하고 싶은 일을 해야 한다는 신념 때문에 결단을 내렸다. 1748년, 사업에서 은퇴한 프랭클린은 사업은 대리인에게 맡긴 채, 자신은 봉급을 받으면서 본격적인 과학 탐구에 들어가서 피뢰침의 발명을 비롯한 많은 과학적 업적을 남겼다. 그는 비록 정규 과학교육은 받지 못했지만 빈틈없는 관찰자였다.

그의 실험은 매우 신중하면서도 정확했다. 그런데 프랭클린의 위대성은 그 다음에 나타난다. 그는 자신의 발명품으로 거대한 부를 축척할 수 있는 기회를 맞이했지만 그렇게 하지 않았다. 그는 특허를 출원하거나 이익을 얻는 행위를 하지 않고, 자신이 발명한 기계들의 설계도를 신문에 공개했다.

그는 사업가의 길을 포기한 만큼 돈에는 욕심을 내지 않고 자신의 발명품이 많은 사람들에게 도움을 주고 그들을 기쁘게 해주는 것에 만족했다. 그래서 그는 스스로 커다란 부를 축척할 수 있는 기회를 포기하고 만 것이다. 그는 그런 덕을 쌓는 일 자체가 부의 축척이라고 믿고 있었고 이것이 그가 훗날 '진정한 부자'로 불리는 까닭이다. 과학자로서의 업적을 세운 그는 정치가로서도 대단한 업적을 남겼다.

정치가로서 그는 영국의 관리들과 토론을 벌일 때 식민지의 대변인으로 활약했고, 독립선언서를 작성했으며, 독립전쟁 때는 프랑스의 경제적·군사적 원조를 얻어내는 등 놀라운 수완을 발휘했다. 독립운동의 과정에서 그는 자신의 사재(私財)를 아끼지 않고 내놓았다. 프랭클린은 미국식 실용주의를 창시한 '실용주의의 교사'로서 가장 미국적인 '최초의 미국인, 가장 성공한 미국인'으로 꼽힌다. 또한 그는 미국 독립을 이끌어내고, 헌법의 기초를 마련한, 미국 민주주의의 초석을 다진 탓에 '미국 정신은 프랭클린 정신'이라고 불릴 만큼 높이 추앙받고 있다.

역사학자 로잘린드 레머는 프랭클린의 인생 자체에 놀라움을 표하며 이렇게 표현했다. "그가 남긴 가장 위대한 발명품은 바로 그 자신이었다."

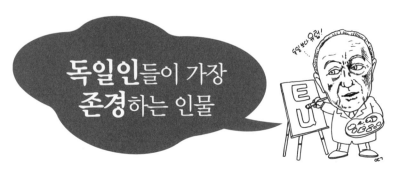

독일인들이 가장
존경하는 인물

콘라드 아데나워

아데나워는 반민족주의자로서 연방주의자였다. 그에게는 독일인이 가지고 있는 인종적 편견이 전혀 없었고 '독일의 비범함'을 결코 믿지 않았다. 그는 독실한 가톨릭교도였으며, 사회의 단위로 가족을 신뢰했고, 비스마르크식 국가를 혐오했다. 그는 국가는 필요한 최소 규모로 축소되어야 하고 조직 사회의 가장 중요한 특징은 자연법에 기초한 법치여야 한다고 믿었다. 아데나워는 1918년 6월, Cologne 대학교에서 유럽 문명 자체를 경고하는 주목할 만한 연설을 한 적이 있다.

"강화 조약의 궁극적인 형태가 어떻던, 고대 세계의 교차로였던 이곳 라인강 위에서 독일 문명과 서구 민주주의 문명은 앞으로 수십 년간 만나게 될 것입니다. 두 문명 간에 진정한 화해가 이루어질 수 없다면…… 유럽은 영원히 주도권을 상실하게 될 것입니다"

유럽은 그의 경고를 무시했고 전쟁에 돌입했으며 미국의 개입을 불러들임으로써 유럽의 주도권은 사라져 버렸다. 그는 더 이상 개인을 지배하지 않는 새로운 국가를 계획했던 독일의 진정한 창조자였다.

2003년 11월, 독일 공영 ZDF TV는 330만 명의 독일국민을 대상으로 독일 역사상 가장 위대한 인물을 뽑는 설문조사를 했다. 거기에 1위를 차지한 인물은 콘라드 아데나워였다. 아데나워는 제2차 세계대전에 패해 분단국이 된 서독에서 14년간 총리를 지내며 '라인강의 기적'으로 불리는 독일의 경제 부흥을 일구어낸 주역이다. 그는 놀라운 리더십을 발휘해서 전후 독일을 일으키고 세계에서도 보기 드문 모범국가로 발전시켰다.

1945년 유럽에서 제2차 대전이 끝났을 때 아데나워는 이미 70세의 노인이었다. 그러나 그는 유연한 사고와 차분한 성격을 지닌 노련하고 다부진 노정치가였다. 그는 위엄과 평상심을 지키며 끝없는 인내심으로 승전국인 미국, 영국, 프랑스에서 얻을 것은 다 얻어내는 정치력을 발휘했다. 그는 처칠이 "독일인은 언제나 남을 제압하려들거나 그렇지 않으면 남에게 군말 없이 복종한다."고 한 말을 가슴 깊이 새겼다. 그는 독일인이 가진 약점을 잘 알고 있었다.

아데나워는 미국과 유럽의 주요정치가들과 좋은 인간관계를 맺고 감정이 아닌 이성으로 대처하며 현실적으로 정치 문제에 접근했다. 그는 프랑스에 호감을 가지고 있지는 않았지만 독일의 미래가 프랑스에 달려 있다는 것을 깨닫고 있었다. 그는 프랑스의 대통령인 샤를 드골과 각별한 사이로 지내며 그의 협력을 얻어 사회적인 안정을 확립할 수 있었다.

1950년대에 이르자 독일 경제는 빠른 속도로 성장했다. 1952년 320억 달러였던 서독의 국민총생산은 10년 뒤인 1962년 890억 달러로 3배 가까이 증가했고 유럽 최고의 경제대국으로 등장하기 시작했으며 국민의 실질 소득도 3배나 증가했다.

1950년대 중반에 이르자, 독일 노동계는 높은 이윤, 높은 임금과 수당, 높은 생산성, 훌륭한 사회보장 덕에 계급투쟁이 사라졌다. 그 결과 1959년 사회민주당은 마르크스주의 철학을 포기했다.

그래서 사람들은 아데나워를 독일 경제를 부흥시킨 인물 정도로 알고 있는데 그는 그보다 폭이 넓은 인물이었다. 아데나워는 두 차례에 걸친 세계대전을 일으킨 전범국가에서 정치를 하면서 국가주의, 민족주의의 위험을 누구보다 절실하게 깨닫고 보다 폭넓은 시각으로 세계를 바라보았다. 그는 '독일의 비범함'을 결코 믿지 않았고 전범국가 독일의 책임을 역설한 정치인이었다. 1951년, 그는 국회에서 이렇게 발언했다.

"대다수 독일 사람들이 유태인에 대한 범죄를 증오하고 그 잔인한 학살에 가담하지 않았다. 그러나 그 범죄는 독일인의 이름으로 저질러졌고 독일 민족의 이름으로 남았다. 말로는 다할 수 없는 그 비인간적인 범죄의 책임은 그래서 우리 독일이 져야만 한다. 우리는 고통 받은 그들에게 도덕적 그리고 물질적 배상의 의무가 있다."

연방주의자였던 아데나워는 독일보다는 유럽이란 큰 그림을 그리며 이런 말을 했다

"프랑스가 없는, 혹은 프랑스에 반대하는 유럽의 정책은 있을 수 없다. 독일이 없는, 혹은 독일에 반대하는 유럽의 정책이 있을 수 없는 것과 마찬가지다."

1963년 그는 오랫동안 소망하던 독일 · 프랑스 상호협력 조약을 프랑스와 체결한 후 총리직을 사임했다. 그의 손을 통해 독일은 경제적 · 군사적 · 정치적으로 합법성을 가진 유럽 국가로 재탄생했다. 아데나워의 실제적인 이상주의와 현실 정치와 균형 감각을 가지고 독일의 이익보다 유럽의 이득을 우선시한 최초의 독일 정치가다. 그래서 아데나워를 비판하는 사람은 그가 "훌륭한 유럽인이지만 형편없는 독일인"이라고 말한다. 그러나 그가 남긴 유산이 거대 유럽을 EU라는 하나의 공동체로 묶는 기폭제의 역할을 하게 된 것이다.

가장 **사랑**받는
실용주의 대통령

룰라

★ **룰라(Luiz Inacio Lula da Silva, 1945년~)**

"브라질 엘리트들이 결코 이루지 못한 것을 한 선반공이 이룰 수 있다는 것을 반드시 보여 주겠다" 대통령 선거운동 마지막 날, 룰라는 자신의 정치적 요람인 상파울루 노동자 지구를 찾아 노동자들 앞에서 눈물을 흘리며 굳게 맹세했고 그 약속을 지켰다. 그는 성공한 대통령이 거의 없는 브라질 정치사에서 국민적 박수갈채 속에서 물러나는 대통령이 되고자 노력해왔다. 그는 브라질 민주주의와 평화적 정권 교체를 위해 일찌감치 후임자를 키워왔다. 군사독재시절 게릴라 전사였던 질마 호우세피(Dilma Rousseff)가 룰라가 내세운 차세대 지도자다. 2003년 룰라는 그녀를 에너지 장관이라는 요직에 앉힌 것을 시작으로, 2005년에는 내각 서열 1위인 정무장관에 임명했으며 2007년부터 호우세피를 브라질판 뉴딜정책인 '성장촉진계획'(PAC)을 전담하게 하고 있다. 브라질이 노동자대통령에 이어 여성대통령이라는 환상적인 정치 혁명을 이룩할 지 세계는 주목하고 있다.

2009년 4월 초, 런던 G20 정상회의에서 오바마 미국 대통령은 루이스 이나시오 룰라 다 실바 브라질 대통령과 악수를 나누며 그를 "지구상에서 가장 인기 있는 정치인"이라고 치켜세웠다. 그런데 이 말은 그냥 인사치레의 말이 아니었다. 집권 7년차를 맞은 룰라의 지지율은 여론조사에서 81%를 기록하며 상한가를 치고 있었다. 집권 초기도 아니고 임기를 1년여 남긴 대통령으로서는 세계적으로 유래가 없는 지지율이 아닐 수 없다. 그의 인기의 비결은 브라질 경제의 파이를 키운 경제 성적표 때문이다.

　　집권 초기 12%가 넘었던 물가 상승률은 4%대로 떨어졌고, 경제성장률은 세계적 불황에도 불구하고 지난 5년간 연평균 4.5%를 넘었다. 성장과 안정의 두 마리 토끼를 잡은 것이다.

　　룰라는 동북부 오지인 페르남부쿠 주의 가난한 가정에서 8남매 중 7째 아이로 태어났다. 그는 가정을 돌보지 않는 술주정뱅이 아버지 때문에 어린 시절 배를 주리면서 자랐다. 7살 때부터 코코넛, 땅콩장수, 구두닦이를 해야 했고, 학교라고는 초등학교를 다닌 것이 전부였다. 그는 상파울루 외곽의 공업지역에 있는 비야레스 금속에 취업했으나 프레스에 손가락이 잘리는 비운을 겪기도 했다.

　　청년이 된 그는 금속노조에 가입했고, 1975년 금속노조위원장에 선출되었다. 그때부터 룰라의 솔직하고 강력한 카리스마가 발휘되기 시작했다. 그는 강성 노조 지도자로 군부독재에 맞서면서 해고저지, 임금보장 등 전설적인 투쟁을 통해 국제적인 노동운동가로 명성을 날리기 시작했다. 브라질은 세계적으로도 찾아보기 힘들 만큼 빈부 격차가 심한 나라이다. 브라질 인구 1억 8,400만 명 가운데 거의 4분의 1에 가까운 4,600만 명이 정부 보조금을 받는 빈민층이었고, 노동자의 절반이 넘는 비정규직이었다. 오죽하면 대권후보로 나서게 된 그가 내세운 구호가 '끼니를 거르지 않는 브라질'이었을까?

대통령에 당선된 룰라는 '기아와의 전쟁(fome zero)'을 선포하고 "우리는 절대로 이 지구상에서 가장 가난한 나라 사람으로 취급받는 것을 허락하지 않겠다."는 의지를 천명했다. '자본주의 타도'를 외치던 빈민·노동자 출신의 집권에 시장은 불안감을 감추지 못했다. 그러나 그는 그런 우려를 벗어던지고 실용주의 노선을 걸으며 경제 대통령으로 변신을 거듭했다. 그런 그를 지지 세력들이 비난하자 그는 이렇게 응수했다.

"사람들이 '대통령 되더니 노조지도자 시절과 다른 이야기를 한다.'고 비난하는데, 당연하지 않은가. 노조지도자 룰라는 노동자만 대변했지만, 대통령 룰라는 1억 8,400만 명의 브라질 국민 전체를 위해 일한다. 브라질 대통령이 어떻게 노조지도자와 똑같은 이야기를 할 수 있나?" 이러한 능동적 변신의 능력이 룰라를 가장 사랑받는 대통령, 가장 성공한 대통령으로 만들었다.

그는 집권 초부터 '기아 제로, 빈곤층 생계수당 지급' 등의 복지 프로그램을 시행하는 것과 동시에 재정, 고금리, 세수 증대, 연금 개혁 등의 친기업·친시장 프로그램도 철저히 이행함으로써 세계의 주목을 받을 정도로 브라질 경제를 성장시켰다. 그는 직설적인 언변으로 강대국에 대한 비판도 서슴지 않고, 불같이 화를 내다가도 종종 눈물을 보이는 솔직한 감정 표현을 한다.

그런 거침없는 룰라 리더십에 열정적인 브라질 사람들은 열광적 지지를 보낸다. 2016년 올림픽을 리우데자네이루에 유치하는 데 성공한 직후, 룰라 대통령은 수행원들을 부둥켜안고 눈물을 흘리며 "지금 이 자리에서 죽는다 해도 여한이 없다."며 감격을 표시했다. 그런 그를 브라질 국민들은 '친구 같은' 대통령으로 사랑하고 있다. 브라질은 2류 국가의 과거를 뒤로 하고 2008년 국내총생산(GDP) 규모 기준 세계 9위의 경제 대국이 되었다.

화해의 씨앗을 뿌린 지도자

넬슨 만델라

★ **넬슨 만델라(Nelson R Mandela, 1918년~)**

1994년 4월 28일 남아프리카 공화국은 커다란 변화를 맞이했다. 2등 시민의 자격조차도 주어지지 않았던 3천만 흑인들이 완전한 시민권을 획득하고 투표로 처음으로 흑인을 대통령으로 뽑은 것이다. 350여 년에 걸친 인종 분규를 종식하는 순간이었다. 대통령이 된 만델라는 이렇게 말했다.

"어느 특정 인종의 희생을 강요하진 않겠다. 국가 발전을 위해 남아공 국민 모두에게 희생을 요구할 것이다. 이를테면 모든 국민이 공정하게 세금을 내야하고, 정부는 투자 유치를 위해 세금을 적게 부과해야 한다. 이미 백인들도 남아공의 대다수 국민이 처해 있는 열악한 생활환경을 개선하기 위해 나름대로 역할을 다하고 있다."

또한 지금까지 백인정권을 유지해 오던 데 클레르크는 이렇게 말했다.

"아파르트헤이트(인종 차별정책)는 우리를 막다른 골목으로 몰아넣었다. 이제 남아공에서는 백인가 흑인이 조화된 새로운 사회가 건설되어야 하며 백인들도 과거의 의식에서 벗어나 새로운 남아공을 위해서 힘을 합쳐야 할 것이다."

남아프리카 공화국 하면 얼마 전까지만 해도 흑백 인종 간의 갈등이 지구상에서 가장 첨예한 곳으로 사람들에게 알려졌던 곳이다. 이 나라는 인구 10%에 해당하는 백인들이 대다수인 90%의 흑인들을 무자비한 철권통치로 지배하고 있었다. 그러한 역사는 342년이나 지속되고 있었다. 그런데 한 탁월한 지도자에 의해서 대립과 갈등은 역사 속으로 사라지고 지금 남아공은 세계에서 가장 성장 잠재력이 높은 나라의 하나로 세계인의 주목을 받고 있다. 이 놀라운 '화해의 씨앗'을 뿌린 사람은 바로 넬슨 만델라이다.

인권과 자유, 민주주의를 위해 투쟁했고 27년 간 투옥되기도 했으나 결국 인종차별 체제를 종식시키는 기적을 만들어낸 그의 이야기는 너무나도 유명하다. 만델라는 움타타의 한 작은 마을에서 추장의 아들로 태어났다. 그는 어려서부터 남아프리카 흑인들의 비참한 현실을 개선해야한다는 열망을 가지고 있었다. 그는 남아프리카 대학을 졸업한 뒤 법조계에 뛰어든다. 그는 변화의 일선에서 뛰고 싶었고, 법조계야말로 그가 선택할 수 있는 최고의 길로 보였다.

그는 1944년 아프리카 민족회의(ANC) 청년동맹을 설립하는 등 흑인인권운동에 적극적으로 참여했으며 1952년에는 남아공 최초의 흑인 변호사가 되었다. 그는 아파르트헤이트(인종분리 정책)에 대항해 싸우면서 동료들과 거대한 운동을 일으킬 결단을 내렸다. 아프리카 민족의회 청년연맹(ANCYL)을 조직하고 흑인의 인권을 개선할 변화를 일으키기 위해 총파업, 불매 운동, 시위, 비폭력 저항 운동을 펼쳐 나갔다. 하지만 백인정권은 무자비한 탄압으로 맞서서 그들의 노력은 별 효과가 없었다. 만델라는 무장투쟁을 선언하고 1962년 체포되어 5년 형을, 1964년 종신형을 선고받고 27년 동안 감옥에서 보냈다. 감옥은 넬슨 만델라를 강철로 만들었다. 그를 죽이려 한 감옥이 그를 더욱 강하게 만들었다.

만델라는 30년 가까운 세월 동안 감옥에서 은밀하게 민중을 이끌었다. 그는 1990년 2월 석방될 때까지 세계 인권 운동의 상징적인 존재가 되었다. 그는 감옥생활의 고통과 고난, 온갖 시련을 겪으면서도 인간의 존엄성, 관용과 용서, 비폭력의 미덕을 잊지 않았고 마침내 백인과 흑인 간의 화해를 이룩했다. 백인정권은 그에게 자유를 줄 테니 신념을 포기하라고 두 번이나 제의했지만 그는 두 번 모두 거절했다. 세월이 흐르면서 흑인들의 저항 운동이 갈수록 거세지고 세계 여론이 남아공의 인종 차별 정책을 맹비난하고 나서자 백인정권은 만델라에게 비밀 회담을 제의해 왔다. 그 결과 마침내 인종 차별 정부는 해체되고 만델라는 1990년 2월 11일에 석방되었다.

만델라는 1991년 7월 ANC 의장으로 선출된 뒤 실용주의 노선으로 선회했다. 그는 드 클레르크의 백인 정부와 협상을 벌여 350여 년에 걸친 인종 분규를 종식시키는데 성공했다. 그는 남아공에 새로운 역사를 만들어낸 업적으로 1993년 노벨평화상을 받았고, 1994년에는 남아공 사상 최초로 흑인이 참가한 자유선거에 의해 흑인 최초 대통령으로 당선되었다. 세계에서 인종차별이 가장 심했던 나라에서 흑인 대통령이 탄생한 것이다. 그 당시 만델라는

75세의 노인이었다. 그는 민주적인 통치 아래 모든 사람들이 평화롭게 살 수 있는 나라를 만드는 자신의 신념을 이렇게 말했다.

"핍박받는 자와 억압하는 자를 다 같이 해방시키기는 것이 나의 목표이다."

인터넷 시대의
리더십

꿈꾸는 모든 것을 실현한다

필립 로즈데일

빌 게이츠를 넘보는 차세대 IT 갑부가 떠올랐다. '세컨드라이프의 조물주'로 불리는 필립 로즈데일이 그 주인공이다.

'세컨드라이프'를 아시는가? 일반인들에게 이렇게 물으면 '제2의 인생?' 하고 고개를 갸웃한다. 대개 외도(外道) 아니면 은퇴 후의 삶을 생각하는 까닭이다. 하지만 지금 세계에 돌풍을 몰아오고 있는 세컨드라이프(www.secondlife.com)는 그런 것이 아니다. 그것은 2003년 6월, 처음 세상에 선을 보인 온라인 3차원 가상현실에서의 삶이다. 단 16대의 서버와 겨우 1,000명 정도의 사용자들만으로 탄생한 세컨드라이프는 2005년 12월 10만 명을 넘기면서, 2007년 3월 485만 명, 9월에는 927만 명의 가입자 수를 확보하여 인터넷이 처음 도입되던 때처럼 세상에 엄청난 충격을 주고 있다.

세컨드라이프가 무엇이기에 이와 같은 돌풍을 몰고 오는 것일까? 한 마디로 말해서 세컨드라이프는 사용자가 각자의 분신인 '3D 아바타'를 이용해 온라인 속에서 친구를 사귀고, 돈도 벌고, 포도주를 마시고, 나이트클럽도 가는 등 '또 하나의 인생'을 사는 온라인커뮤니티다. 사용자는 가상세계의 방대한 공간 속에서, 자신이 꿈꾸는 모든 일을 할 수 있다. 땅이나 집을 사고 팔 수 있으며 세계 여행을 다닐 수도 있다. 친구나 애인을 사귀는 것은 물론 가상 결혼도 할 수 있다. 말하자면 현실의 삶과는 다른 삶을 살 수 있을 뿐 아니라 현실에서는 도저히 이룰 수 없는 꿈도 실현시킬 수 있는 자유공간이 열린 것이다. 이것이 사람들이 세컨드라이프에 열광하는 이유다.

1999년, 캘리포니아 대학에서 물리학을 전공한 로즈데일은 이런 생각을 했다.

"앞으로의 컴퓨터 환경은 3D 3차원 영상으로 바뀔 것이다. 그렇다면 상상하는 모든 것을 컴퓨터 안에서 가상의 현실로 만들어 낼 수 있을 것이다."

그의 예상은 적중했다. 그가 샌프란시스코 헤이스밸리 지역의 작은 사무실에서 13명의 직원으로 시작한 세컨드라이프 운용회사 '린덴 랩(Linden Lab)'은 미래 비즈니스 가능성을 무궁무진하게 확장해가고 있다.

로즈데일은 세컨드라이프를 그저 가상현실을 즐기는 곳으로 만들지 않았다. 그는 가상현실 속에 경제적 교환 가치를 창출함으로써 현실적 존재감을 부여했다. 사용자들은 공식 통화인 '린든 달러'를 가지고 교환, 매매, 자본 증식 등 경제활동을 할 수 있는데 실제로 돈벌이가 된다는 점이다. 이것이 사람들이 세컨드라이프에 열광하는 또 다른 이유다.

안시 청(Anshe Chung ; 가상 공간 ID)이라고 불리는 중국 여인은 가상공간의 부동산을 사고팔아 100만 달러 이상의 수입을 올린 것으로 알려져 세컨드라이프의 부동산 재벌로 떠올랐다. 세컨드라이프에서 돈을 벌면 현실에서도 부자가 될 수 있다는 뜻이다.

세컨드라이프에서 유통되는 실제 돈의 규모는 하루 100만 달러 정도이며 뉴욕시의 4배에 달하는 규모로 성장했다. 세컨드라이프가 점차 현실 세계와 닮아가면서 기업의 마케팅활동에도 영향을 미치고 있다. IBM, 선마이크로시스템스, 델, 도요타, 소니 등 세계 유수의 기업들이 이미 사이버 지점을 개설했고 하버드, 스탠퍼드대 등 미국 명문대들도 세컨드라이프에 캠퍼스를 열었다.

10월 17일, 서울에서 열린 세계지식경제포럼에 참석한 로즈데일은 기조강연에서 세컨드라이프를 통한 경제활동이 돈이 아닌 풍요로서의 부를 창조할 것이라고 말하며 "가상 경제와 현실 경제의 융합 시대가 곧 올 것"이라고 내다봤다. 2007년, 로즈데일은 타임지가 선정한 '세계에서 가장 영향력 있는 100인'으로 뽑히기도 했다.

인터넷의 선장,
WWW의 **창시자**

W3C

팀 버너스리

★ 팀 버너스리 (Tim Berners-Lee, 1955년~)

'인터넷의 아버지'라고 불리는 팀 버너스리는 월드와이드웹(WWW)에 대한 영감을
전 세계에 연결된 무수한 전화선이 하나의 지성으로 탄생한다는 아이디어를 담은 아
서 C 클라크의 단편 SF 소설 '프랑켄슈타인의 전화'에서 얻었다고 한다. 그의 위대
한 업적은 웹의 개발에 그치지 않고, 웹 서버와 브라우저 체계를 개발해서 무료로
배포했다는데 있다. 그는 웹상에서 어떠한 소프트웨어도 구동될 수 있도록 하기 위
해 프로그램 소스 코드를 모두 공개함으로써 웹이 인터넷의 표준으로 자리 잡게 하
는 데 성공했다. 만약 그가 특허를 내고 사용료를 받으려 했다면 국가나 회사마다
서로 다른 시스템을 개발했을 것이고 인터넷은 지금처럼 전 세계적으로 확산되지 못
했을 것이다. 만약 지적재산권을 고집했더라면 어떻게 됐을 것인가?라는 질문에 그
는 이렇게 대답했다.

"각 나라마다 기업마다 다른 표준의 웹을 만들었을 것이고, 시스템 간에 호환이 안
될 것이다. 그러면 세상 곳곳에 있는 좋은 아이디어들이 모이지 못하게 되고, 인류
역사의 발전 속도가 느려질 수밖에 없을 것이다."

*한 사람의 천재가 수십만 명을 먹여 살린다는 말*이 있다. 그런데 현재 수십억 명이 눈만 뜨면 매달리고 있는 인터넷이 한 사람의 아이디어에서 나왔다면? 사람들은 인터넷만 있으면 세계 곳곳에서 무슨 일이 일어나고 있는지 한 눈에 알 수 있고 무슨 일이든 할 수 있다. 이제 인터넷이 없는 세상을 상상할 수도 없을 것이다. 이렇게 전 세계인 대다수가 편리하고 손쉽게 사용하고 있는 인터넷이 처음부터 쉽고 편리했던 것은 아니다. 잘 알려져 있다시피 인터넷의 시초는 미국 국방성에서 군사적 목적으로 만든 알파넷(ARPANET)이었다. 알파넷을 조금 발전시켜서 대학이나 연구기관에서 사용하기 시작했지만 사용하기가 너무 까다로워서 몇몇 전문가들이 e-메일을 주고받는 정도가 고작이었다. 그런데 일반인들에게 인터넷의 문을 활짝 열어준 사람이 나타났다. 그가 바로 팀 버너스리다.

영국에서 태어난 팀은 컴퓨터에 익숙하기 가장 적합한 환경에서 자라났다. 그의 부모는 맨체스터 대학의 컴퓨터 개발팀에 근무했다. 그는 어려서부터 종이 상자를 가지고 컴퓨터 모형과 펀치 카드를 만들어 가지고 놀며 컴퓨터에 남다른 관심을 보였다. 옥스퍼드 대학에서 물리학을 공부할 때는 TV세트와 여러 부속품을 이용해 독자적인 컴퓨터를 만들기도 했다. 그러면서 그는 생각했다.

"각자 동떨어져 있는 컴퓨터를 어떤 고리로 연결할 수 있다면 컴퓨터는 더욱 막강해질 것이다."

그것이 바로 '정보의 연결'이라는 '웹'에 대한 첫 발상이었다.

1980년에 그는 스위스 알프스 산맥에 자리 잡고 있는 분자 물리학 유럽 연구소인 'CERN'에서 소프트웨어 엔지니어로 일하게 되었다. 거기서 일을 하면서도 팀은 늘 생각했다.

"컴퓨터가 어디에 있든 거기에 담긴 데이터를 읽을 수만 있다면 지구만한 엄청난 정보공간이 생길 것이다."

팀은 1990년 요즘 인터넷에서 쓰이는 '하이퍼텍스트' 개념을 생각해 냈고 웹브라우저를 완성했다. 그러자 그의 네트워크에 대한 생각에 부정적이던 CERN은 웹의 가치를 깨닫고 협조를 아끼지 않았다. 1991년 www가 전 세계에 드디어 세상에 선을 보였다. 그 인기는 폭발적이었다. 5년 만에 인터넷 사용자는 60만 명에서 4천만 명으로 증가했고 이제 10억이 넘는 인구가 인터넷을 사용하고 있다.

만약 팀 버너스리가 마음만 먹었다면 억만장자의 길을 걸을 수 있었을 것이다. 팀의 생각을 모방해서 최초의 인기 웹 브라우저인 모자이크(Mosaic)을 만든 안드리슨(Andreesen)의 경우 웹 시스템을 통해 백만장자가 되었다. 반면, 팀은 욕심을 부리지 않고 1994년 MIT대학으로 들어가 묵묵히 학문의 길을 걸었다.

오늘날 지구촌 곳곳에서 수많은 사람들이 웹으로 연결되고 있으면서도 막상 웹 사이트를 개발한 팀 버너스리의 이름은 알지 못한다. 하지만 팀은 돈이나 명예도 중요시하지 않고 뒤에서 인터넷의 발전을 이끌고만 있다. 그래서 그의 행동은 오늘과 같은 물질우선 사회에서 더욱 빛나는 것이다.

팀 버너스리는 2004년 7월 16일 영국 엘리자베스 여왕으로부터 대영제국의 기사 작위를 받았다. 웹을 혼자서 독점하지 않고 공개해서 인터넷 세상을 만든 공로를 인정받은 것이다. 그는 같은 해 타임지가 선정한 '20세기 위대한 지성 100인'에 오르는 영광을 누렸다.

인터넷 세계정부를 꿈꾼다

구글

★ 세르게이 브린(러시아어 : Сергей Михайлович Брин, 1973년~)

러시아 출신으로 모스크바에서 유대인 부부의 아들로 태어났다. 6살 때 미국에 온 그는 후에 메릴랜드 대학에서 수학과 교수로 재직하게 되는 아버지 덕분에 수학에 많은 흥미를 보였으며, 이를 계기로 메릴랜드 대학에서 수학과 컴퓨터 공학을 전공하였다. 이후 그는 스탠퍼드 대학원에 입학하여 컴퓨터 공학을 전공하였다. 학위를 취득한 그는 컴퓨터 공학 박사과정을 밟았으나, 도중에 래리 페이지를 만나 박사과정을 그만두고 1998년 친구의 차고에서 구글을 창립했는데 2008년 현재 약 187억 달러의 순자산을 가지고 있는 세계 32번째 부자이다

★ 래리 페이지(Lawrence E. Page, 1973년~)

스탠포드 대학에서 컴퓨터 과학 박사 과정 중에 세르게이 브린을 만나, 의기투합해서 함께 구글을 개발했다. 그는 미시건 주립 대학 컴퓨터 과학 교수인 아버지 덕분에 6살 때부터 컴퓨터를 만지며 자랐고, 아버지의 소질을 이어받아 천재적 자질을 보이며 컴퓨터 공학도로 성장했고 앤아버 시절 Lego™ 에서 잉크젯 프린터를 만들기도 했다. 현재 미시건 대학 엔지니어링 학부 자문위원회(NAC) 위원으로 있으며 2004년에는 미국 공학 학회(National Academy of Engineering) 회원으로 선출되기도 했다.

'구글의 위성지도가 테러 장비?'

최근 모 일간지에 나온 기사 제목이다. 이것은 인터넷 검색 업체 구글(google)이 서비스하는 세계 최초의 위성영상지도 서비스인 '구글 어스(Google Earth)' 때문에 나온 말이다. 구글은 2005년 6월 28일부터 이 서비스를 제공하고 있는데, 웹에서 길거리를 생생하게 볼 수 있는 '맵 스트리트' 서비스를 제공하는 등 사용자가 전 세계의 어느 지역이나 원하는 지점을 클릭하면 그 지역 주변의 영상을 360도 회전해 볼 수 있다.

이처럼 안방 안에서 세계를 한 손아귀에 쥐게 해주고 있는 구글이란 회사는 어떤 회사일까? 구글은 1998년 9월, 미국 스탠퍼드 대학교의 대학원생 레리 페이지(Larry Page)와 세르게이 브린(Sergey Brin)이 공동으로 설립한 벤처회사다.

그들은 회사를 설립하면서 "매일같이 생겨나는 지구상의 방대한 정보를 모두 정리해 낸다."는 이념을 표방하고 정보를 쉽고 빠르게 검색할 수 있도록 고안된 새로운 검색엔진을 선보였다. 초창기의 인터넷 검색엔진이 키워드 매칭 페이지만 뱉어내는데 비해 구글의 검색엔진은 '모든 단어의 조합에 의해 가장 적합한 정보를 제공'해서 사용자가 80억 개 이상의 URL을 검색할 수 있도록 한 획기적으로 개선된 것이었다.

검색 서비스를 시작한 이래 구글은 '구글 쇼크'로까지 불리는 엄청난 돌풍을 몰고 왔다. 여기에 깜짝 놀란 컴퓨터 황제 빌 게이츠가 100억 달러의 매수 금액을 제시하며 인수의사를 밝혔다. 그러나 구글은 8개월 뒤인 2004년 8월 19일 나스닥에 상장하면서 300억 달러의 시가 총액을 가진 회사가 되었다. 그리고 다시 2005년 10월에는 1천억 달러를 돌파하면서 빌 게이츠의 마이크로소프트를 위협하는 유일한 제국으로 성장했다.

사람들은 묻는다. 구글이라면 공짜로 검색엔진을 제공하는 회사가 아닌가요? 맞다. 그런데 어떻게 그 많은 시가총액을 올리며 세계 최고의 기업이 될 수 있었을까? 구글이야말로 세계를 움직이는 힘이 무엇이란 것을 극명하게 보여주는 기업이 아닐 수 없다. 구글은 검색엔진을 공짜로 제공하고 있지만 자동화된 구글 뉴스 서비스, 가격 비교 프루글 서비스, G메일, 데스크톱 검색 서비스, 구글 비디오 등의 차별화 된 서비스로 전 세계인을 사로잡으면서 엄청난 광고 수입을 올리고 있는 것이다. 최근 구글은 한 달에 8,000만 명 이상이 찾는 동영상 공유사이트 '유튜브'를 인수했고, 온라인커뮤니티서비스 '마이스페이스'와 온라인경매업체 '이베이', 음악케이블채널 '엠티비'와도 손을 잡았고, 라디오 광고업체인 '디마크 브로드캐스팅'까지 인수했다.

구글의 경영진은 구글의 사명을 전 세계의 정보를 조직화해서 누구든지 접근 할 수 있는 유용한 것으로 만드는 일이라고 밝히고 있다. 이것은 세계의 정보를 조직화는 세계정부가 아니면 할 수 없는 일인데, 구글은 지식 세계에서 그 일을 자임하고 나선 것이다.

구글 어스를 체험한 사람들은 그 구상이 얼마나 무시무시한 것인지를 실감하게 된다. 그래서 러시아 연방보안국(FSB) 당국자도

"테러리스트들이 목표물을 정찰해서는 안 되는데, 미국 기업이 그들을 위해 일하고 있다"며 불만을 제기했고, 한국 관리들도 구글 어스의 사진이 군사시설의 세세한 부분까지 드러낸다는 점을 구글 측에 항의했다고 한다.

지난 해, 구글이 가장 많이 한 일은 사람을 뽑는 것이었다. 구글은 인력 채용으로 직원 수가 90% 이상 늘어났다. 유명 인사, 여러 나라, 경쟁사, 직종을 가리지 않고 닥치는 대로 사람을 뽑아서 마치 인재 블랙홀이라는 이야기까지 돌았다. 이 회사의 사훈은 '악해지지 말자(Don't Be Evil)' 이다.

전기시대에서
전자시대를 열다

윌리엄 쇼클리

★ **윌리엄 쇼클리(William Shockley, 1910〜1989년)**
인류최초의 반도체 트랜지스터를 발명한 쇼클리는 그 천재성 못지않게 괴팍한 성격으로 유명했다. 그는 독단적 성격의 소유자로 공동 개발자인 바딘과 브래튼을 트랜지스터 연구에 참여하지 못하도록 하는 등 연구원들에 대한 전횡이 심했다. 1957년 말, 연구원 8명이 쇼클리의 회사를 그만두자 쇼클리는 이들을 배신자들이라고 비난했다. "배신자 8인" 중에 나중 인텔을 차린 로버트 노이스와 고든 무어도 있었다. 쇼클리 덕에 만들어진 회사는 인텔뿐만 아니라, 내셔널 세미컨덕터와 어드밴스트 마이크로 디바이시스도 있었는데 이런 움직임이 바로 실리콘벨리의 탄생을 가져왔다. 이들은 스탠포드에서 자주 모임을 갖고 쇼클리가 정보기술혁명에 공헌한 점에 대해서 역설적으로 이렇게 말하곤 했다.
"실리콘밸리에 실리콘을 가져온 사람이 바로 쇼클리입니다."
하지만 쇼클리의 회사인 세미컨덕터는 그의 괴팍한 성격 탓에 운영 중 좌초해서 쇼클리를 부자로 만들어주지는 못했다.

에디슨의 전구 발명이 전기의 시대를 열었다면 트랜지스터의 발명은 전자, 즉 디지털 시대를 열었다고 할 것이다. 전기의 발명이 불의 발명 이래 인류에게 가장 큰 광명을 가져다 준 것이라면 트랜지스터의 발명은 문자의 발명 이래 가장 큰 지식 · 정보의 장을 열어주었다. 이러한 트랜지스터를 발명한 사람은 윌리엄 쇼클리다.

트랜지스터의 발명은 1947년에 이루어진 일이었다. 어려서부터 수학과 과학에서 뛰어난 재능을 보였던 쇼클리는 1927년, 캘리포니아 공대(UCLA)와 MIT를 훌륭한 성적으로 졸업하고 AT&T의 벨연구소를 첫 일터로 선택했다. 제너럴일렉트릭(GE)과 예일 대학에서 스카우트 제의가 있었지만 반도체 연구에 관심이 컸던 그는 벨연구소의 안정적인 통화 서비스를 위한 기계장치 설계에 관심이 많았다.

당시 전화국에서는 여성 교환원을 두고 통화 서비스를 했는데 인건비가 자꾸 오르자 자동식 교환기를 도입했다. 그러나 주요 부품인 진공관은 속도는 빨랐지만 전력 소모가 크고 필라멘트가 자주 끊어지기 일쑤였고 폭증하는 통화량을 따라가기에 역부족이었다. 무엇보다도 진공관을 대체할 새로운 부품이 절실하던 때였다.

쇼클리는 연구소에 들어온 지 얼마 안 되어 자신의 일생을 바꾸게 되는 한 마디를 상관으로부터 들었다.

"진공관 대신 뛰어난 능력을 가진, 전혀 다른 개념의 무언가를 만들어야 한다."

이 말은 훗날 그의 인생을 결정짓는 화두가 되었다. 쇼클리는 전혀 다른 개념의 무언가를 만드는데 인생을 걸기로 작정했다. 그리고 그의 머릿속에는 전혀 다른 무엇인가가 반짝하며 빛나고 있었다.

1947년 12월 23일, 마침내 쇼클리는 공동연구자인 월터 브래튼(Walter Brattain), 존 바딘(John Bardeen)과 함께 벨연구소 중역진에게 새로운 장치를 선보였다. 바로 과학 산업의 모든 분야에 일대 혁명을 가져올 발명품인 트랜지스터였다.

그러나 그것은 상품화 될 수 있는 정도의 트랜지스터는 아니었다. 그 후 쇼클리는 단독으로 연구에 몰입하기 시작했다. 그는 여러 해 동안 침식을 잊어가며 연구에 매달렸다. 1951년 드디어 반도체로써 상품성을 가지게 되는 접합형 트랜지스터를 완성했다. 그것은 진공관이 안고 있던 한계를 극복한 인류사에 길이 남을 쾌거였다. 그것은 진공관이 가지고 있던 크기와 열, 전력소모의 문제가 단숨에 해결되었기 때문이다.

진공관의 220분의 1 크기에 불과한 트랜지스터. 크기는 작지만 전자산업에서 어마어마한 변화를 가져왔다. 트랜지스터는 곧바로 산업에 응용되어 전자공학 시대를 열었다. 1953년 레이테온사는 수십만 대의 트랜지스터 보청기를 팔았고, 1954년 크리스마스 무렵에는 소니가 만든 트랜지스터라디오가 10만대 이상이나 팔려 나가는 대히트를 쳤다.

트랜지스터는 1958년부터는 컴퓨터에 이용되기 시작했다. IBM이 트랜지스터를 쓴 2세대 컴퓨터 '7000 시리즈'를 내놓으면서 세상을 깜짝 놀라게 만든 것이다. 그밖에도 트랜지스터는 종류를 가리지 않고 TV를 비롯한 모든 전자기기의 핵심부품이 되어서 엄청난 전자기기의 발전을 일궈냈다. 트랜지스터가 나오면서 인류는 아날로그에서 디지털로, 전기에서 전자로 거듭나기 시작한 것이다. 그래서 사람들은 트랜지스터를 20세기 최고의 발명품이라고 찬사를 보내고 있다. 쇼클리는 공동 연구자인 월터 브래튼, 존 바딘과 함께 1956년 노벨물리학상을 받았다.

최초로 PC를 발명한
괴짜 천재

스티브 워즈니악

★ 스티브 워즈니악(Steve Wozniak, 1950년~)

워즈니악은 그의 애칭인 '워즈'나 '마법사 워즈'로 불린다. '워즈'는 또한 그가 세운 회사의 이름이기도 하다. 엉뚱하게 '록 콘서트 기획자, 시골 초등학고 컴퓨터 선생'으로 변신했던 그는 얼마 전부터 신생 벤처업체의 후원자로 나섰다. 그는 클리어채널커뮤니케이션 공동창업자인 레드 맥콤과 함께 '핫스와프닷컴'이라는 인터넷 비디오 벤처의 고문을 맡았는데 그는 "내가 좋아하는 것들을 핫스와프닷컴이 하고 있기 때문"이라고 설명했다. 핫스와프닷컴은 2006년 미국 버클리대 출신의 20살짜리 동갑내기 2명이 만든 회사다. 이들은 동영상 사용이 급증하고 있는 온라인 상거래에 자사 제품을 집중 판매한다는 계획이다. 억만장자의 워즈니악이 눈여겨본 것은 이 회사의 동영상 압축 기술. 핫스와프닷컴은 디지털 카메라로 찍은 동영상을 고선명 텔레비전과 흡사하도록 만드는 압축 기술을 보유하고 있다는 점이다. 워즈니악은 머릿속에 떠오른 아이디어를 틈틈이 그들에게 제공해주고 있는데 "그들의 성공을 확신한다"고 말했다.

오늘날 세계인들의 책상 위에는 거의 컴퓨터가 놓여 있다. 사람들은 그 컴퓨터로 전 세계 구석구석을 누비고 다니며 자신의 일을 하고 있다. 그러나 세계인의 책상 위에 컴퓨터가 놓이기 시작한 것은 불과 35년 전의 일이다. 그때까지만 해도 사람들은 컴퓨터는 집채만큼 커다랗고 정부기관이나 연구소 같은 곳에서만 사용하는 것으로 인식하고 있었다. 그런데 20대 초반의 한 젊은이가 남다른 생각을 했다.

'컴퓨터를 전 세계인들의 책상 위에 올려놓자.'

그 사람이 바로 스티브 잡스와 함께 애플 컴퓨터를 공동으로 창업한 스티브 워즈니악이다. 그는 컴퓨터 하나로 전 세계인의 생활을 확 바꿀 수 있다는 생각을 했고 그 일을 실천하기 시작했다. 1973년의 일이다. 당시 그는 HP에서 4년 째 계산기 만드는 일하고 있는 엔지니어였다. 그는 엔지니어였던 아버지의 영향을 받으며 자랐고 어릴 때부터 전자장치에 유별난 관심과 뛰어난 재능을 보이면서 '세상을 더 좋은 곳으로 만들 기계 장치'를 설계하는 엔지니어가 될 것을 다짐했다.

1973년 3월, 워즈니악은 어떤 엔지니어 모임에 참석했다가 사람들과 대화를 나누던 중에 힌트를 얻어서 세계 최초의 PC의 설계도를 종이 위에 그리기 시작했다. 사람들은 그의 작업을 무모한 것이라고 보기도 하고 호기심을 가지고 지켜보기도 했다. 그런 사람 중에 스티브 잡스가 있었다. 워즈니악의 흥미로운 작업을 지켜보던 스티브 잡스가 물었다.

"이것을 사무실에서 개인들이 쓰게 만들 수 있다고?"

"물론이지."

그때부터 기적 같은 일이 일어났다. 워즈니악은 모토롤라의 6502 프로세서를 20달러에 사다가 차고에서 개인용 컴퓨터를 만들기 시작했다. 그렇게 만든 애플 I과 애플 II는 세계 컴퓨터 시장의 판도를 완전히 바꾸어 놓았고, 스티브 잡스와 공동으로 설립한 애플은 최고의 회사로 성장했다. 그런데 워즈니악은 놀랍게도 애플이 최고의 전성기를 누릴 때 회사를 떠날 것을 선언했다. 아무도 예상하지 못한 일이었다. 더구나 그는 자신이 가진 천문학적 금액의 주식을 일반 사원들에게 헐값에 나누어 주었다.

그는 고생을 함께 했는데 일부 사람들에게만 부가 돌아가는 것은 부조리한 일이라고 선언하고 자신은 큰 부자가 되는 것에는 별 관심이 없다고 말했다. 그에게서 주식을 넘겨받은 직원들은 모두 백만장자가 되었다. 그렇게 애플을 떠난 워즈니악은 또 다시 자신의 엔지니어로서의 능력을 발휘할 수 있는 일에 몰두했다. 그는 벤처회사를 차리고 세계 최초의 통합 리모컨을 만들어낸다. 하지만 그 사업은 실패로 끝났다. 당시만 해도 가정에서 여러 가지 가전제품을 사용하지 않던 시절이었던 것이다. 하지만 그는 실망하지 않고 이렇게 말했다.

"이것은 사업상의 실패이지 내 발명품이 실패한 것은 아니다."

회사의 문을 닫은 워즈니악은 엉뚱하게도 '록 콘서트 기획자', '시골 초등학고 컴퓨터 선생'으로 변신한다. 그는 사람들이 즐거워하는 것을 보려고 록 콘서트에 수백만 달러를 쾌척하기도 하면서 괴짜의 삶을 살아가고 있다. 그의 소원은 가짜 부자가 아니라 훌륭한 삶을 사는 것이었다. 현재 워즈니악은 애플에 복귀해서 강연과 발명으로 분주한 나날을 보내고 있다. 그는 현존하는 엔지니어 중 가장 영향력 있는 사람으로 평가 받고 있다,

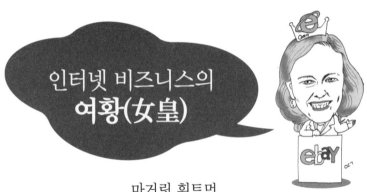

인터넷 비즈니스의
여황(女皇)

마거릿 휘트먼

★ **마거릿 휘트먼(Margaret C. Whitman, 1956년~)**

휘트먼은 결단력이 빠르고 강한 CEO라는 이미지를 가지고 있는 반면 타인을 지배하고자 하는 성향이 없는 경영자의 이미지도 또한 갖고 있다. 다음 일화는 그녀의 인간적 매력과 경영자로서의 자질이 무엇인가를 보여주고 있다. 이베이 임원들이 전용기를 타고 인도를 가던 중에 테헤란 상공에서 한 임원이 심한 복통을 일으켰다. 휘트먼은 지리적으로 가장 가까운 도시가 터키의 이스탄불이라는 것을 확인한 후, 항공 응급 당국에 전화를 걸어 앰뷸런스를 대기시켜 달라고 요청했다. 다행히 비행기는 이스탄불에 착륙할 수 있었고 아픈 임원은 앰뷸런스를 타고 병원으로 갈 수 있었다. 그런데 휘트먼은 몇 시간 동안 환자의 곁을 떠나지 않았다. 그녀는 환자의 부인에게도 전화로 상황을 알렸고 필요한 모든 조치를 취했다. 얼마 후 그 임원이 안정을 되찾자 그를 회사 전용기에 태워 먼저 귀국 시켰고 휘트먼은 나머지 임원들과 함께 여객기를 타고 다시 인도로 향했다. 그녀의 이러한 성품은 고객과 직원들의 소리에 귀 기울이고 종업원들의 어려움을 헤아리고 도와주는 이베이의 기업 문화를 만들어냈다.

하버드대학 MBA과정을 마치고 P&G 브랜드매니저를 거쳐서, 월트 디즈니의 마케팅 담당 부사장이 되었다. 그 다음에는 아동용품업체 스트라이드 라잇의 사장이 되었고, 다음에는 하스브로 아동사업부문 총책임자가 되었다. 600여명의 직원을 거느리고 연간 6억 달러의 매출을 올리며 승승장구하고 있었다. 그 사람에게 이상한 곳에서 스카우트 제의가 들어왔다. 그 사람의 이름은 마거릿 휘트먼이었고, 스카우트 제의를 해 온 곳은 이베이(eBay)라는 이름도 들어본 적이 없는 온라인업체였다. 1997년 11월의 일이었다.

이베이는 한 컴퓨터 프로그래머가 취미삼아 중고 상품을 사고 팔도록 주선해 주던 개인 홈페이지였다. 그런데 그 '옥션 웹'이 많은 사람들의 호응을 받아 새롭게 떠오르고 있었다. 그 업체의 창업자 피에르 오미디아르는 취미생활이 발전해서 사업이 크게 확대되자 전문경영인의 필요를 절감했다. 그는 헤드헌터를 통해 적임자의 물색에 나섰고 휘트먼을 점찍었다. 그러나 휘트먼에게 이베이는 무척 생소한 이름이었다. 그녀는 온라인 사업에 대한 어떤 비전도 감지하지 못하고 있던 터였다. 그녀는 'NO'라고 대답했다. 그러나 이베이의 구애는 끈질겼다. 끈질긴 구애에 견디다 못한 휘트먼은 이베이가 어떤 곳인지 알아보기라도 할 요량으로 실리콘밸리로 날아갔다. 그곳은 물류창고도, 판매직원도 없는 직원이라야 19명뿐인 구멍가게였다.

그런데 눈이 밝은 그녀는 오미디아르의 설명을 들으면서 새로운 지평선이 열리고 있는 것을 보았다. 물류창고도, 판매직원도 없지만 인터넷망 저편에 포진해 있는 수백만의 숨결과 무한한 커뮤니티의 가능성을 읽은 것이었다. '누구나, 어디서나, 아무 것이나 사고 팔 수 있는' 인터넷의 무한한 가능성을 보고 그 매력에 빠져들었다. 그것이 그녀의 도전정신에 불을 댕겼다.

1998년 2월, 휘트먼은 이베이의 새로운 선장이 되었다. 당시 미국에는 이베이 같은 경매 사이트가 수 만개나 생겨나서 경쟁을 벌이고 있었다. 휘트먼은 경쟁자들에게 이기는 방법은 단 한 가지 '고객은 왕' 이라는 철학을 실천하는 것뿐이라고 판단했다. 그녀는 말한다.

"사용자들이 곧 회사이다. 우리 회사에서 거래되는 모든 물건을 납품하고 매매하는 사람은 바로 고객이기 때문이다."

이것이 그녀가 경쟁사들을 따돌리며 독주할 수 있었던 주요한 성공비결이다. 휘트먼은 고객의 동향을 재빨리 파악하고, 사용자들에게 선택권을 많이 부여했으며, 사용자가 게시판에 새 품목에 관한 이야기가 폭주하도록 만들었다. 그때부터 구멍가게였던 이베이의 고공비행이 시작되었다. 그녀는 취임 6개월 만에 이베이를 나스닥에 상장시키면서 아마존, 야후와 같은 인터넷 비즈니스업체와 같은 수준의 회사로 끌어올렸다.

휘트먼이 취임한 해, 이베이의 연간 총매출은 600만 달러였으나 2002년 12억 달러를 넘어 섰고 가입회원은 6,200만 명에 달했다.

현재 이베이를 통해서 거래되는 물량은 상상을 초월한다. 전 세계적으로 1억 개 이상의 물품이 이베이를 통해 거래되고 있는데

1초당 평균 거래액이 1,300만 달러(약 135억 원)에 이른다고 한다.

휘트먼은 신경제와 구경제 기업에서 모두 경영능력을 인정받은 CEO로서 경제전문지 '포춘'이 매년 발표하는 가장 영향력 있는 여성경제인 1위에 2004~2005년 잇따라 선정됐다. 그녀는 회장 취임 당시 "회사의 참신한 전략과 성장을 위해서 CEO는 10년 이상 해서는 안 된다"고 공언했는데 그 약속을 지켰다. 그녀는 그동안 거둔 성공에 만족해하며 가족과 함께 누리는 행복을 위해서 2008년 3월 사임했다.

인터넷 상거래의 **지배자**

제프 베조스

★ **제프 베조스(Jeffrey Preston Bezos, 1964년~)**

아마존은 세계 최대의 온라인 서점이지만 장난감부터 전자기기, 자동차 부품까지 없는 게 없는 월마트를 위협하는 종합 온라인 쇼핑몰이기도 하다. 베조스는 2007년 11월 19일, 또 하나의 승부수를 던졌다. 그것은 전자책 킨들(Kindle)을 출시한 것이다. 킨들은 그가 책에 건 두 번째 승부수다. 전자책은 그동안 소니 등 숱한 업체가 나섰지만 성공하지 못했던 분야였다. 하지만 그는 3년 개발 끝에 킨들을 세상에 내놓았고 발매 후 6시간 만에 매진되는 놀라운 성공을 거두었다. 베조스는 전자책의 문제점이던 다운로드 방법을 완전히 바꿨다. 킨들은 휴대폰 전화망(EVDO)에 접속, 언제 어디서나 책을 내려 받을 수 있도록 설계해서 PC와 싱크하거나 무선 랜을 찾아 이리저리 헤맬 필요가 없도록 했으며, 휴대전화망 접속 비용은 아마존이 내는 결단을 내렸다. 그 결과 전자책 판매량은 몇 개월 사이에 급속도로 성장하여 2009년 3분기에는 전체 도서 판매량의 26%가 전자책이 된 것이다. 킨들은 전자책의 표준으로 자리잡으면서 콘텐츠 판매액이 2009년 1억 9,000만 달러에서 2010년에는 6억 달러에 이를 것으로 전망되고 있다.

아마존은 세계에서 가장 큰 강이다. 그것도 다음으로 큰 강보다 10배나 큰 강이다. 세계에서 가장 큰 인터넷 판매업체의 이름도 아마존이다. 이 회사의 창업주 제프 베조스는 차등경쟁자보다 10배는 큰 회사를 만들고 싶다고 회사 이름을 그렇게 지었다.

1986년 프린스턴대학교 컴퓨터공학과를 최우등으로 졸업한 베조스는 벨 연구소, 인텔 등 세계적인 기업과 연구기관의 스카우트 제의를 거절하고 피텔이라는 신생기업에 입사했다. 그 회사는 전 세계를 연결하는 주식거래 네트워크를 구축하고 있었다.

그는 20대 초반의 나이에 런던, 도쿄, 시드니 등 세계 여러 도시를 날아다니며 네트워크 구축에 몰두했다. 그는 그 일에 놀라운 실력을 발휘해서 조기에 네트워크 구축에 성공했고 1988년 24세의 나이에 최연소 부사장이 되었다. 그는 시장의 변화와 기회를 빠르게 포착하는 눈을 가지고 있었다.

1994년 베조스는 전자상거래의 잠재력에 주목했다. 온라인으로 'www서비스'가 제공되기 시작한 것은 1993년의 일이었으므로 당시 인터넷 사용자의 숫자는 아주 미미했다. 그러나 인터넷의 가능성을 간파한 그는 온라인으로 책을 팔겠다는 아이디어를 구체화하기 시작했다. 책은 보관과 운반이 쉽고, 다른 제품과는 달리 규격이 동일하다는 장점 때문에 온라인으로 판매하기에 가장 용이한 제품이라는 판단에서였다.

시장조사 결과 미국에서는 해마다 5,100만 권, 300억 달러의 책이 유통되고 있었다. 그는 사업 계획서를 만들어서 사장에게 제출했다. 그러나 사장은 좋은 아이디어이지만 현실성이 없다는 판단에서 그의 제의를 거절했다.

베조스는 자신의 꿈을 이루기 위해서 사직할 것을 결심했다. 주위에서 모두 그를 말리고 나섰다. 무지갯빛 환상을 쫓느라고 100만 달러짜리 직장을 내던지는 것은 미친 짓이라는 것이었다. 다행히 그의 아내 메켄지는 그의 편을 들어 주었다. 그는 뉴욕의 직장을 내던지고 세금과 물류 면에서 가장 유리한 시애틀로 달려갔다. 우선 그는 서적 판매에 혁명을 가져오기 위해서 물류를 담당할 자동차 회사를 설립했다.

1995년 2월 9일, 드디어 세계 최대의 온라인 서점 아마존이 탄생했다. 베조스는 아마존을 '세계 최대의 서점' 이라고 광고하기 시작했다. 그러나 아마존은 아직 회원도 하나 없는 직원 십여 명의 신생 벤처기업이었을 뿐이다. 하지만 베조스는 실제보다 과대평가해야 성공할 수 있다는 것을 알고 있었다. 그는 직원들의 사기를 올리기 위해서 소프트웨어에 주문이 들어올 때마다 '삐~' 소리가 나도록 만들었는데, 며칠 안 되어 그 소프트웨어는 작동을 멈추어야 했다. 주문이 폭주해서 그 소리는 소음이 되어 버린 것이다.

1996년 봄, 아마존은 출범한 지 1년 만에 6천만 달러의 가치를 평가 받았고 투자자들의 주목을 끌었다. 1996년 5월 '월 스트리트 저널' 이 아마존을 1면 특집 기사로 다루자 아마존의 웹사이트는 폭발적인 인기를 누리기 시작했으며, 1999년 베조스는 '타임' 지 선정 올해의 인물이 되기도 했다.

아마존은 출범 10년 후인 2004년 인터넷 매출 70억 달러로 세계 1위를 차지했고 사업을 다각화해서 책은 물론 CD, DVD, 보석, 의약품, 식료품, 다이아몬드에 이르기까지 30여 범주에서 수많은 상품을 팔면서 인터넷 판매업체의 대명사로 자리 잡았다. 최근 미국 내 인터넷 시장이 '구글'과 '아마존닷컴' 양대 구도로 축소될 것으로 전망한 보고서가 발표되기도 했다.

전 직원이
물구나무를
서는 회사

마윈

★ **마윈 (馬雲, 1965년~)**

마윈은 2007년 홍콩 증시에 알리바바를 상장하면서 시가총액 260억 달러를 기록하며 대박을 터뜨렸다. 이는 전 세계가 서브프라임 위기 속에서 몸살을 앓고 있던 때라 과연 그가 '중국의 빌 게이츠'라는 호칭을 얻고 있는 것이 허명은 아니란 것을 다시 확인 시킨 셈이다. 그런데 홍콩 증시 상장의 최대 수혜자는 마윈이 아닌 직원들이었다. 그가 보유한 회사 지분은 5%뿐이고 지분의 65%를 직원들이 공유하고 있기 때문이다. 그것은 그가 "회사 발전은 직원을 위한 것이고, 회사의 발전은 직원들에 의해 가능하며, 발전의 성과는 직원들에게 돌려주겠다!"는 약속을 지킨 탓이다. "직원을 부자로 만들자!" 마윈의 남다른 인재경영법이 아닐 수 없다. 그가 펴낸 '마윈의 창업평론'이란 책은 출판 3개월 만에 100만 권이 팔려나가 판매량 1위의 베스트셀러가 되기도 했다. 그는 미국의 경제전문지 '포브스(Forbes)'의 표지모델이 된 첫 번째 중국 기업가이기도 하다.

그 남자의 키는 153센티미터이다. 깡마르고 툭 튀어나온 광대뼈며 이마 때문에 외계인이란 소리를 들었다. 그렇다고 공부를 잘한 것도 아니었다. 삼수 끝에 항저우 사범대학 외국어과를 그것도 정원미달로 들어갔다. 졸업을 하고도 별 볼 일이 없었다. 신문팔이, 인력거꾼, 이삿짐센터를 전전하다가 어렵사리 영어 선생을 했다. 그러다가 1995년 배낭여행으로 미국을 갔다. 그는 시애틀에서 놀라운 신세계를 만났다. 바로 인터넷이란 거였다. 그는 친구에게 '맥주'라는 단어를 쳐보라고 했다. 미국, 독일, 일본이 우르르 나왔지만 중국은 어디에도 나오지 않았다. 그는 충격을 먹었다.

중국으로 돌아온 그는 친구에게 부탁해서 다니던 관광회사의 홈페이지를 짰다. 3분 만에 4건의 예약이 이루어지는 것을 보고 그는 무릎을 쳤다. 그때까지 컴맹이었던 그는 인터넷이 세상을 바꿀 것이라고 믿고 전 재산을 털어서 인터넷 회사를 차렸다. 17명의 동지가 모였고, 그것이 세계 최초의 B2B(기업 간 상거래) 모델이 된 알리바바닷컴이었다. 처음부터 쉽지가 않았다.

1999년 그는 일본으로 달려가서 인터넷 황제로 알려진 손정의를 만났다. 손정의는 그의 이야기를 듣고 5분 만에 2,000만 달러를 지원하겠다는 약속을 했다. 그때 손정의는 그에 대한 평가를 이렇게 했다.

"마윈은 영웅이 될 것이다. 그는 야후의 창업자인 제리 양이나 아마존의 창업자인 제프 베조스, 빌 게이츠와 같은 영웅이 될 것이다. 왜냐하면 그는 새로운 비즈니스 모델을 창안했기 때문이다."

그렇다. 마윈은 손정의의 예언대로 인터넷 제국을 일구었고, 중국은 물론 세계적 영웅으로 떠올랐다. 마윈의 최대 성공을 이끌어낸 것은 이베이와의 한판 승부였다. 세계 최대의 경매사이트인 이베이는 중국시장에 1억 달러를 투자해서 90%의 점유율을 올리며 승승장구하고 있었다.

마윈은 3년 안에 이베이를 추월할 것이라고 장담하며 도전장을 던졌다. 그는 이베이와 달리 수수료를 없애고 판매자들이 무료로 광고를 하도록 했다 이베이는 "무료 비즈니스는 모델이 아니다"라며 비웃었지만 마윈의 회사는 무서운 속도로 시장을 잠식했다. 그는 자신의 호언대로 3년 만에 중국시장의 80%를 장악하고 이베이를 추월했다. 결국 이베이는 2006년 보따리를 싸고 중국을 떠났다. 사람들은 이를 두고 다윗이 골리앗을 이긴 것이라고 평가했지만 마윈은 이제 시작일 뿐이라고 말한다.

남들이 미국식 모델을 카피하기 바쁜 시절 그는 전혀 새로운 사업 모델을 들고 나와 성공한 것이다. 알리바바닷컴에는 전 세계에서 1,000만 개의 기업이 가입해서 비즈니스를 하고 있고, 10억 명이 그 사이트를 이용하며 1억 개가 넘는 일자리를 창출하고 있다. 이미 알리바바닷컴은 시가 총액이 100억 달러를 넘어섰고 알리바바 그룹의 한 축인 야후차이나는 시가 260억 달러로 아시아 최고인 야후재팬(270억 달러)과 버금 갈 정도로 성장했다.

그런데 이 회사는 아무 조건 없이 사람을 뽑는다. 다만 물구나무를 서지 못하는 사람은 제외다. 그것은 세상을 거꾸로 드는 힘을 이기지 못하는 사람은 자격이 없다는 것이다.

　마윈의 알리바바 그룹은 알리바바닷컴, 타오바오닷컴, 즈푸바오, 알리소프트, 야후차이나, 알리바바 등 6개의 자회사를 거느리고 있다. 현재 알리바바닷컴은 세계 240개국에 3,000만 회원이 등록되어 있다. 마윈은 중국에서 가장 존경받는 인물 1위를 차지하고 있는 것은 물론 2009년 타임지가 선정한 '세계에서 가장 영향력 있는 인물 100인'에 선정되기도 했다.

바보 같은 생각이 만든 기적

지미 웨일즈

⭐ **지미 웨일즈 (Jimmy Donal Jimbo Wales, 1966년~)**

'위키피디아'는 '웹 2.0' 기업의 선두주자다. 웨일즈가 '위키아'를 통해 공개한 검색 엔진은 '참여·공유·집단 지성'이라는 웹 2.0 철학에 입각해 오픈 소스 기반으로 '위키피디아'를 개발해서 놀라운 성공을 거두었다. 이제 '웹 2.0'은 차세대 검색 즉 '서치(Search) 2.0' 시대를 열고 있다. 지난 10년 동안 검색이 인터넷을 대표하는 핵심 키워드로 떠오른 탓에 '위키피디아'는 구글과 더불어 인터넷 기업의 새로운 신화를 써왔다. 최근 '위키피디아'는 편집 자원봉사자의 이탈에 대한 우려가 나오고 있기는 하지만 사이트 방문자 숫자가 해마다 20%이상 증가할 정도로 인기를 누리고 있다. 인터넷 기술·트렌드 분야의 유명 블로그사이트 리드라이트웹(Read write web)은 최근 조사에서 위키피디아를 지난 1년간 가장 영향력 있는 사이트로 선정했다. 2006년 동성애자들의 결혼이나 환경 보호와 같은 정치적 문제만을 취급하는 '캠페인 위키아'를, 2008년에는 환경과 관련된 내용만을 다루는 '위키아 그린'을 개설하기도 한 웨일즈는 "가장 중요한 목표는 브리태니커 백과사전보다 더 나은 품질의 온라인 사전을 만드는 것"이라고 말한다.

영어판 200만여 개, 한국어판 7만여 개(2008년 4월 기준)를 비롯하여 253개 언어판에서 전체 1천만여 개 이상의 글이 수록되어 있고, 한 달에 2억 4,400만 명 가량이 방문하는 세계에서 가장 큰 백과사전이 된 다국어판 인터넷 백과사전 위키피디어(Wikipedia). 그런데 이렇게 방대한 백과사전을 운영하는 위키피디아의 직원은 얼마 전까지 딱 한 사람의 프로그래머뿐이었다. 어떻게 그런 일이 가능할까?

그것은 콘텐츠의 대부분이 전 세계 약 10만 여 명이 넘는 편집자들의 자발적인 참여로 운영되기 때문이다. 위키피디아의 공동창업자 지미 웨일즈는 다들 실현 불가능한 바보 같은 생각이라고 비웃었지만 그것을 가능하게 만들어냄으로써 기적의 사나이가 되었다. 어떻게 그런 일이 가능했을까?

웨일즈는 1996년 우선 검색서비스를 제공하는 '보미스' 란 업체를 창업해서 성공을 거두고, 새로운 아이디어를 가지고 '누피디아'라는 인터넷사전 만들기를 시도했으나 실패했다. 그것은 모든 항목을 전문가가 참여해서 확인해야 했기에 불가능한 일이었다. 그는 실패에서 교훈을 얻었다. 그는 누구나 동시에 접근할 수 있는 '위키소프트웨어'를 접하고 무릎을 쳤다. 그는 곧바로 ID, 비밀번호, 별명이 필요없는 온라인백과사전 사업에 몰두했다.

'위키위키' 는 하와이 말로 '빨리' 라는 뜻이다. 2001년 1월 15일, 위키피디아를 창업한 웨일즈는 글을 쓰고 싶은 사람은 누구나 글을 쓸 수 있고 편집할 수 있도록 허용했다. 그러자 사람들은 그런

식으로는 내용의 질을 보장하지 못할 것이라고 비판적이었다. 그러나 그것은 네티즌들의 수준과 성향을 모르는 문외한들의 기우에 지나지 않았다. 네티즌들은 스스로를 통제하고 감시하며 최고수준의 백과사전을 만들어나갔다. 그리하여 개개인의 지식을 축적하고 체계적으로 관리하기 위한 지식관리시스템(KOASIS(Knowledge OASIS)를 구축한 이래, 웹 2.0 서비스의 대명사로 불리는 다국어판 인터넷 백과사전 위키피디아는 1인 미디어 뉴스공동체로 확고하게 자리를 잡기 시작했다.

그런데 더욱 놀라운 것은 이러한 미디어 제국을 만든 위키 재단의 창업주 웨일즈는 단 한 푼의 월급도 타가지 않는 재단 이사장이란 점이다. 그의 사업은 성공했지만 그는 아이디어 하나로 인터넷 사업에 성공한 사람 중에 자기 사업을 증권시장에 상장하지 않은 유일한 사람이다. 그는 위키피디아를 수익사업 모델이 아닌 인류가 자발적으로 참여해서 스스로 키워나가는 지식의 보고로 성장하기를 바라기 때문이다. 그래서 그는 이런 말을 하며 자족한다고 한다.

"나는 부자는 아니지만 충분히 잘 살고 있습니다."

이 말처럼 멋진 말은 없을 것이다. 사람들은 기업의 목적이 이윤을 내는 것이라고 말하고 있지만 사실은 일하는 재미를 생의 위안으로 삼는 기업이 최고의 기업이라는 것을 웨일즈는 온몸으로 보여주고 있는 것이다.

그래서 세계인은 웨일즈가 위키피디아 재단을 비영리기관으로 운영·성장시키고 있는 데 전폭적인 지지를 보내고 있다. 그것은 웨일즈가 2008년 12월 말경에 게재한 '기부금 요청' 글에 대한 뜨거운 반응으로도 알 수 있다. 이 모금에는 단 며칠 만에 총 12만 5천 명이 참여해서 6백만 달러가 모금 되었던 것이다.

현재 위키피디아의 직원은 22명과 일반 사용자들이 함께 만들어 가는 위키피디아는 이제 세계에서 가장 방대한 백과사전으로 자리 잡았으며 경제활동에서 협업을 강조하는 위키노믹스(wikinomics)라는 신조어까지 등장시키기에 이르렀다. 타임은 웨일즈를 2006년 세계에서 가장 영향력 있는 사람들 중 한 명으로 선정했다.

전략과 전술

최초의 민주 정치를 태동시킨 개혁가 **솔론**
카리스마적 결단력의 대명사 **오다 노부나가**
알프스를 넘어 로마를 격멸한 명장 **한니발**
역사상 최대의 전략가 **손자**
신화가 되어버린 영웅 **롬멜 장군**
현대 미국 PR의 아버지 **아이비 리**
나는 내 임무를 다했노라 **호레이쇼 넬슨**

최초의 **민주** 정치를
태동시킨 **개혁가**

솔론

플루타르크 영웅전에 따르면 솔론은 아테네 최초의 시인이며 젊었을 때부터 여러 나라를 방문하면서 무역을 해서 거부가 되었다. 하지만 가까운 친지들을 돕다가 재산을 다 날렸다고 한다. 솔론은 몸뚱이 외에 가진 것이 없는 자신을 발견하고 스스로 마음을 달랬다.

"부자 중에서도 가장 부자인 사람은 재산이라고는 자신의 건강한 위장, 허파, 두 발밖에 가진 것이 없는 사람들이다. 이런 소유물은 고통이 아니라 즐거움을 가져다준다. 소년이나 소녀들이 가진 것도 이런 것뿐이다. 그들의 피어나는 매력과 변화하는 삶의 꽃봉오리를 보라!"

하지만 그는 곧 무역으로 큰 이익을 남겨 대단한 성공을 거두었고 뛰어난 지성과 성실성으로 명성을 얻었다. 그는 35세가 되기도 전인 기원전 594년, 최초의 집정관으로 선출되어 뛰어난 선견지명과 실행력을 발휘해서 아테네를 폴리스라는 민주적인 도시국가로 탈바꿈시켰다. 그는 아테네 사람들에게 가장 좋은 법을 주었느냐는 질문을 받고 이렇게 대답했다.

"아니다. 그들이 받아들일 수 있는 가장 좋은 법을 주었다."

솔론은 고대 그리스의 시인이자 대 정치가로 서구 민주주의의 초석을 만들어낸 사람이다. 그는 아테네 명문 귀족집안 출신이었지만 대다수 민중의 편에 서서 직접 민주 정치를 구현했다. 그는 젊은 시절부터 사업에 투신해서 무역을 하면서 얻은 넓은 안목으로 기원전 596년의 살라미스 섬의 영유권을 둘러싸고 벌어진 메가라인과의 전쟁에서 승리를 이끌어 냄으로써 집정관으로 선정되어 정권을 위임받았다.

당시 아테네에서는 빈부의 극심한 차이로 부채 때문에 땅을 잃거나 노예로 팔려가는 사람이 많아서 부자와 가난한 사람들 사이에 항쟁이 격화되고 있었다. 솔론은 사회 불안을 개선하기 위하여 '솔론의 개혁' 이라 일컫는 여러 개혁을 단행했다. 솔론의 개혁이 가능했던 것은 그가 부자였지만, 부자의 편에 서서 법률을 제정했고, 과감한 개혁을 펼쳤으며 무엇보다 정직했다는 점에 있다.

솔론은 우선 '일체의 장부상의 부채 말소' 라는 과감한 방법으로 농민들을 일시에 구제하고, 군 복무를 담당할 능력과 경제력에 따라 전 시민을 제1계급, 기사계급, 농민계급, 노동계급 등 4계급으로 나누어 귀족과 민중 사이의 신분 차이를 철폐했다. 이 새로운 지도자는 토지를 재분배하고 정부의 형태도 바꾸어 놓았다. 그는 귀족계급의 권력독점을 폐지하고 대신 시민들이 통치하는 새로운 정치제도를 도입했다. 솔론의 개혁으로 대다수 아테네인은 사회적 · 경제적 · 정치적 해악에서 벗어날 수 있었다.

솔론의 위대한 점은 그렇다고 그가 민중의 편에만 서지 않았다는 점이다. 그는 다음과 같은 시에서 자신의 중용정책을 이렇게 회고했다.

"나는 데모스(demos, people)에 대해서 그들의 권리를 조금도 침해하지 않았고, 조금도 더하지 않으면서 그들에게 충분한 존경을 표했다. 힘을 가진 자와 자신의 부로써 힘을 과시한 자에게 못마땅한 것이 없도록 조처하였다. 나는 양편 모두의 든든한 보호자로서 해야 할 일, 의무를 밀고 나갔으며, 어느 한 쪽이 부당하게 승리하도록 하지 않았다."

정치기구의 기능과 권력을 동시에 강화하려고 노력한 솔론의 노력은 민주적 정치기구들의 기능을 강화했고, 서로 상이한 성격의 정치기구들의 상호협조를 얻어내는 목적을 달성했다. 그러자 아테네인들은 솔론의 개혁에 희망을 품고 솔론에게 의지했다. 솔론은 이런 말을 했다. "모든 일이 공평할 때에 전쟁은 결코 일어나지 않는다."

이 말처럼 그는 부자와 가난한 자 양편 모두에게 환영을 받았다. 부자들은 공평이란 자신의 합당한 몫을 인정한다는 의미로 해석했고, 빈민은 전적으로 똑같이 나누는 것이 공평이라고 생각했다. 귀족들과 대중은 모두 큰 희망을 걸고 그가 왕이 되어도 좋다고 간청했다. 그러나 솔론은 자유 · 정의 · 인도주의의 관심 외에 독재 권력을 장악하려는 야심을 가지고 있지 않았다.

솔론은 어느 정도 개혁이 달성되자 자신이 없어도 10년간 그 제도를 지키기로 서약을 받고 이집트, 사르디스 등지로 10년간의 해외여행을 떠났다. 아테네 시민들은 굳게 서약한 탓에 10년간 그 서약을 지켰고 그래서 아테네의 민주정이 확립될 수 있었다. 그 후 솔론의 조치는 100년간 효력을 갖는 것으로 선포되었고, '악소네스'라고 불리는 목판에 새겨져 모든 사람이 볼 수 있게 게시되었는데 그 일부가 오늘날까지 보존되어 있다. 후세의 역사가들은 솔론을 민주주의의 창시자로 추앙하고 있다.

카리스마적 결단력의 대명사

오다 노부나가

★ **오다 노부나가**(織田信長, 1534~1582년)

일본 중세사에서 오다 노부가나, 도요토미 히데요시, 도쿠가와 이에야스는 3대 인물로 꼽힌다. 이 세 사람은 동시대 인물로서 각기 천하통일의 꿈을 꾸고 있었으며 태어난 환경과 개성이 너무도 판이한 특성을 가지고 있다. 오다 노부나가는 영주 출신이었고, 도요토미 히데요시는 농민 출신이었으며 도쿠가와 이에야스는 대귀족 출신이었는데 일본은 이 세 사람으로 인해서 백 년 동안의 내전 상태를 극복하고 통일 시대를 맞이했다. '종달새의 비유'는 이들 세 사람의 각기 다른 성품을 나타내는 비유로 너무도 유명하다.

가령 종달새의 울음소리를 듣고 싶을 때, 오다 노부나가는 성질이 급한 탓에 종달새가 울지 않으면 꾀를 내어 울게 하거나 스스로 울 때까지 기다리지 못하고 이를 잡아 죽여야 속이 시원한 사람이었다. 이에 비해 그의 부하였던 히데요시는 종달새가 울지 않으면 어떻게 해서든지 울게 만드는 지략가였다. 때문에 그는 노부나가가 이루어 놓은 통일 사업을 승계해서 그의 사후, 천하를 통일한다. 반면 도쿠가와 이에야스는 종달새가 울지 않으면 묵묵히 기다리는 대기만성형이었다.

오다 노부나가는 일본 역사상 가장 카리스마 넘치고 인기 있는 지도자로 꼽힌다. 그는 과감한 결단력과 실행력으로 경쟁자들과 부하들을 단숨에 제압하고 일본 통일의 초석을 마련한 일본 최고의 영웅이다. 흔히 일본의 CEO들은 실질적으로 일본 열도를 통일하고 250년간의 에도 막부시대를 연 도쿠가와 이에야스(德川家康)를 후계자 유형 1위로 선택하는 한편 노부나가를 최고경영자 1위로 꼽는다고 한다. 그것은 노부나가의 타의 추종을 불허하는 용기와 결단력에서 나오는 카리스마 때문일 것이다.

당시 일본은 100여 년간 전란이 지속된 전국시대였다. 다이묘(大名 : 봉건영주)의 아들로 태어난 노부나가는 아버지의 갑작스런 죽음으로 18살의 나이에 다이묘가 된 후, 새로운 정책들을 재빨리 개발·시행하면서 일본 개혁의 선봉이 되어 오랜 봉건전쟁을 종식 시켰다.

그는 어린 시절부터 천하를 통일하겠다고 공언하고 다녀 주위로부터 '오와리의 얼간이'로 불리기도 했지만, 천하포무(天下布武, 천하에 무위를 떨치다)의 기상으로 일본 근세의 기반을 마련한 혁신적인 지도자였다. 1560년, 노부나가는 불과 3천 명의 군사로 열 배가 넘는 당대 최고 실력자인 이마가와 요시모토(今川義元)의 대군을 무찌르고 천하에 이름을 떨치기 시작했다. 그것이 유명한 오케하자마(桶狹間)전투인데, 그는 누구도 상상 못하는 의표를 찌르는 전술로써 상대를 제압했다.

그는 근대병기라 할 수 있는 조총을 전투에서 가장 먼저 효과적으로 사용했으며, 당시로서는 전례가 없는 스물한 자(약 6.3m)짜리 장병창을 만들어 군의 중심에 두었다. 당시의 창은 열두 자에서 열다섯 자가 표준이었는데, 장병창은 훈련이 부족한 보병이더라도 곧바로 전투에 활용할 수 있었다.

먼저 조총으로 적을 위협해 말을 쓰러뜨린 후 장병창을 든 보병이 돌격하는 식으로 조총과 병용함으로써 효과적으로 적을 쓰러뜨려 여러 전투에서 승리할 수 있었다. 또 농병의 분리로 무사들을 전쟁에만 전념하도록 시도한 것도 그가 처음이었다. 그는 또 적의 침입을 막기 위해 일부러 도로 정비를 하지 않았던 다른 다이묘들과는 달리, 오히려 도로를 정비하고 다리를 만들어서 보다 빨리 진군할 수 있도록 했다. 노부나가의 전략과 전술이 빛난 것은 나가시노(長篠)전투였다. 이 전투는 당대 최강이라고 소문났던 다케다 신겐(武田信玄)의 기마대를 괴멸시킨 전투다.

그는 최강의 기마군단과 정면에서 맞붙으면 전혀 승산이 없는 싸움이라는 것을 알고 고심한 끝에 마방책(馬防柵, 말을 막는 울타리)을 세우고 삼단 철포부대를 만들어 그 너머로 조총을 쏘는 작전을 짜내 결국 승리를 거둔다. 하지만 노부나가는 전쟁만을 추구한 무장이 아니었다. 서구문물에 접한 그는 일본 국토를 통일해야 한다는 목표를 달성하기 위해서는 신흥 상인계급과 국민의 대 다수를 차지하는 농민들을 포용해야 한다는 것을 깨닫고 있었다.

그는 출신성분을 따지지 않고 인재를 등용했고, 전공을 세운 부하들에게는 확실한 보상을 해줌으로써 경제적 토대를 확고히 다지고 전국적 지배권을 확립했다. 그는 또한 많은 개혁을 단행하였는데 구 체제, 구 관습의 타파를 위해 화폐 주조, 도로·교량의 정비, 관소(關所 : 검문소)의 폐지 등 혁신적인 정책으로 일본이 중세에서 근세로 이행하는 창조적 전환기를 열었다. 그러나 그는 천하통일을 목전에 두고 부하의 습격을 받아 스스로 할복함으로써 파란만장한 삶을 마감했다. 그의 천하통일의 위업은 도요토미 히데요시와 도쿠가와 이에야스에게 계승되었다.

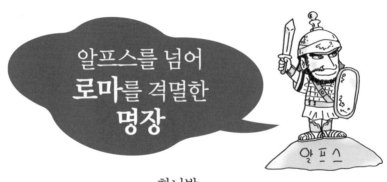

알프스를 넘어
로마를 격멸한
명장

한니발

★ 한니발(Hannibal, BC 247~BC 183년)

기원전 216년, 제2차 포에니 전쟁 당시, 칸나에 전투에서 한니발은 세계 전쟁사에서 손꼽히는 대섬멸전을 전개하여 로마에게 그야말로 완벽한 승리를 거두었다. 6천 명의 로마 기병 가운데 370명, 8만 명의 로마 보병 가운데 불과 3천 명밖에는 살아남지 못했다. 승리한 한니발 쪽의 전사자는 불과 5,500명에 불과했고, 그 가운데 3분의 2는 갈리아 지방에서 차출해온 병력이었다. 로마가 이런 참패를 맛본 것은 이 칸나에 전투가 처음이자 마지막이었다. 얼마 전 이라크 전쟁이 한창일 때 CNN은 한니발이 어떤 전술을 사용하여 수적으로 우세한 로마군을 무찔렀는가를 설명하는 방송을 내보낸 적이 있다. CNN 기자는 텔레비전 화면에 비친 전황 전개도를 가리키면서 이렇게 보도했다.

"제가 지금 서 있는 곳은 이탈리아 남부의 칸나에 평원입니다. 이곳은 지금으로부터 2200년 전인 기원전 216년에 한니발과 로마의 대회전이 벌어진 전쟁터입니다. 칸나에 전투는 전사 연구에서는 빼놓을 수 없는 전투이기 때문에, 서구의 육군사관학교라면 어디서나 가르칩니다."

---

*어린 시절 위인전이나 세계사 책을 읽은 사람*이라면 거의 모든 사람이 코끼리를 끌고 알프스를 넘는 기상천외한 작전을 꾸민 장군의 이야기를 기억하고 있으리라. 그 사람이 바로 카르타고가 낳은 불세출의 장군 한니발이다.

고대 서양 세계에 있어서 로마와 카르타고는 숙명의 라이벌이었다. 그리스 문명이 쇠퇴하면서 새로운 강자로 떠오른 로마와 카르타고는 지중해 해상권을 놓고 장장 1세기가 넘는 동안 피 말리는 패권다툼을 벌이게 된다. 일명 포에니 전쟁이라고 불리는 제3차에 걸친 대전(大戰)이 바로 그것이다.

제2차 포에니 전쟁을 지휘한 '카르타고의 아들' 한니발은 알렉산드로스 대왕에 비견되는 천재적 전략가다. 그는 코끼리 부대를 이끌고 알프스를 넘어 로마를 격멸함으로써 로마인들을 혼비백산하게 만들었다. 불세출의 전략가 한니발은 전쟁에 임하면서 완전히 적의 허를 찌르는 결단을 내린 것이었다.

알프스산맥을 넘는 힘들고 위험한 다섯 달의 행군 끝에 한니발의 군대는 이탈리아 반도에 모습을 나타냈다. 알프스를 넘은 한니발은 로마의 약점인 북부 이탈리아를 손쉽게 손에 넣고 또한 그곳의 반 로마적인 갈리아 인들을 끌어들임으로써 이미 큰 전략적 성공을 거두었다. 한니발의 대군이 악마가 사는 산이라 아무도 가지 않는다고 하는 알프스를 넘어오리라고는 꿈에도 생각지 못한 로마는 쇼크를 먹었다. 로마군이 미처 전열을 가다듬지도 못하고 있을 때 한니발은 로마인이 건설한 대로를 따라 로마를 향해서 진군했다.

한니발을 세계 전쟁사에서 빛나는 명장으로 만든 전투는 BC 216년 8월 2일, 남이탈리아의 칸나에에서 벌어졌다. 전쟁사를 통틀어 가장 완벽한 승리라고 평가받을 만한 '칸나에 전투'에서 로마군은 보병 8만, 기병 6천 명의 병력으로 한니발에 대적했다. 반면 한니발의 군대는 보병 2만과 기병 6천 명에 불과했다. 이 싸움에서 펼친 한니발의 작전은 양익포위의 전형으로 교묘한 유인술이었다. 이 작전은 이순신 장군의 '학 날개 진법'을 생각하면 이해가 쉬울 것 같다. 로마군은 중앙에 두꺼운 정규군단을 배치하고 양 날개에 기병대와 속주에서 징발한 군대를 배치하는 전통적인 전투대형을 취한 반면, 한니발은 앞이 볼록한 초승달 모양의 진법을 펼쳤는데 이 초승달 진법에 로마가 걸려든 것이다.

한니발은 의도적으로 카르타고 군의 중앙부가 로마군에게 밀려나도록 유인하면서 양익에서 제자리를 지키게 했다. 그러자 로마군은 점점 한니발군의 학 날개에 갇히게 되는 형세가 되고 말았다. 적군에 포위된 채 좁은 곳으로 몰려든 로마군은 제대로 싸울 수가 없었다. 그래서 싸움은 일방적 학살로 바뀌었다. 좌우 양쪽에서 카르타고군은 로마군을 완벽하게 섬멸해 들어갔다. 8만 명의 로마 보병 가운데 불과 3천, 6천 명의 로마 기병 가운데 370명이 살아남았을 뿐이었다. 카르타고군의 전사자는 6천 명에 불과했다.

칸나에 전투는 '전장 지휘'가 무엇인지를 보여준 전쟁 시나리오의 걸작이었다. 한니발의 군대가 알프스 산맥을 넘은 사건에 대해

플루타르코스는 '플루타르코스 영웅전'에서 이렇게 평가하고 있다.

"눈병을 치료하지 못해 한 쪽 눈을 잃어가면서까지 작전에 몰두한 한니발의 열정과 자신들을 방해하는 원주민 포로들을 복종시킨 지도력이 기적을 만든 것이다."

그러나 전투에서 크게 이겼음에도 한니발은 로마를 굴복시키지 못했다. 로마군의 피해가 워낙 컸기에 어지간한 나라는 항복했을 텐데 로마인들은 놀랄만한 용기와 저력을 가지고 지구전으로 맞섰다. 로마가 카르타고를 공격할 준비를 하고 있다는 소식에 한니발은 결국 카르타고로 다시 돌아와야 했다.

역사상 최대의
전략가

손자

★ **손자(孫子, ?~?)**

위나라 출신 방연과 제나라 출신 손자는 귀곡선생 밑에서 함께 공부한 동문으로 한 때는 의형제를 맺을 정도로 절친한 사이였다. 방연은 위나라 혜왕 밑에서 공을 세워서 장수의 자리에 오른다. 그 무렵 손자가 위나라로 왔는데 손자의 재능이 자신보다 뛰어나다는 것을 잘 아는 방연은 이간질을 했다.

"손빈은 제나라 사람이니 너무 믿으시면 안 됩니다."

그는 손자가 제나라와 내통한 가짜 편지를 만들어 음모를 꾸몄다. 혜왕은 크게 노하여 손자를 당장 사형에 처하라고 명령했다. 그때 방연이 나서서 목숨만은 살려주라고 요청했다. 손빈은 결국 두 다리를 잘리어 앉은뱅이가 되었고 얼굴에는 글자를 새겨서 죄인임을 알리는 형벌을 받았다. 나중에 그 사실을 알게 된 손자는 제나라로 탈출해서 방연에 대한 철저한 보복을 준비한다. 그래서 손자는 길가의 나무를 모두 베어 버리고 큰 나무 하나만 남겨 두고 한쪽 껍질을 허옇게 벗기게 한 후, "방연은 이 나무 아래서 죽을 것이다."라고 써놓고 방연을 기다린 것이다.

'손자병법'을 모르는 사람은 없으리라. 이 책의 뛰어난 점은 2,500년 전에 쓰여졌음에도 불구하고 오늘날까지 전쟁뿐만 아니라 기업의 경영전략, 인간관계학에도 지대한 영향력을 끼치고 있다는데 있다. 손자병법의 특이한 점은 병법서이지만 싸우는 것을 능사로 삼지 않는데 있다. '승산 없는 싸움은 하지 않는다, 싸우지 않고 이긴다.' 이것이 손자가 내세우는 최고의 전략 전술이다. 이기는 것이 최선의 것이 아니고 싸우지 않고 상대를 굴복시키는 것이 최선이라는 것이다.

이러한 손자병법을 쓴 사람은 춘추전국시대 때, 손자(孫子)라는 제나라 사람이었다. 그는 이론뿐만 아니라 실전에 임해서도 자신의 전법을 그대로 구사해서 승리를 얻어내곤 했다.

위나라 대군에게 도읍인 한단을 포위당한 조나라는 이웃의 제나라에게 구원을 요청했다. 이에 제나라는 구원병을 보낸다. 장수 전기(田忌)가 급히 한단으로 진격하려 들자, 군사인 손자가 다음과 같이 제안했다.

"정면승부는 우리 쪽에 불리합니다. 이런 때는 수비가 상대적으로 허술한 위나라의 수도를 공격합시다. 그러면 위나라는 한단의 포위를 풀어버리고 서둘러 철수할 것입니다. 그때를 노려서 공격해야 합니다."

전기는 그 말이 일리가 있다고 생각하고 손자의 계책을 받아들여 즉각 위나라로 쳐들어갔다. 결국 제나라는 대승을 거두었고 아울러 조나라도 구하게 되었다.

그로부터 13년 후, 위나라는 주변의 한나라를 공격했고 한나라는 제나라에 구원을 요청했다. 제나라는 또다시 전기와 손자에게 군대를 주어 한나라를 지원키로 했다. 이번에도 전기와 손자는 직접 한나라로 가지 않고 위나라를 향해 진군했다. 이 소식을 들은 위나라 장군 방연은 즉시 군대를 돌려 제나라 군대를 뒤쫓기 시작했다. 방연은 이번에는 손자의 계략에 넘어가지 않으리라 다짐을 하며 설욕을 다짐했다. 그런데 제나라 군사들은 위나라 군사들이 추적을 하자 싸우지 않고 도망치기에 바빴다.

제나라 군사를 뒤쫓던 위나라 군사들은 군사가 밥을 지어먹은 가마솥 흔적이 점점 적어지는 것을 발견했다. 위나라 영토에 들어선 첫날에는 10만 개의 흔적이 있었는데, 이튿날에는 5만 개, 사흘째엔 3만 개로 점차 줄어들어 있었다. 그것을 본 방연은 겁쟁이 제나라 군사들이 절반 넘어 도망친 것이라고 생각했다. 그는 손자를 당장 붙잡기라도 한 듯이 추격의 고삐를 늦추지 않았다.

손자의 예상은 적중했다. 방심한 방연은 속도가 느린 보병을 뒤로 두고 기마병과 전차만으로 추격에 나섰다. 후퇴하던 손자는 산세가 험하고 숲이 우거진 곳에 매복하고 방연의 군사를 기다렸다. 손자는 길가의 나무를 모두 베어 버리고 큰 나무 하나만 남겨 두고 한쪽 껍질을 허옇게 벗기게 한 후 이렇게 써놓았다.

"방연은 이 나무 아래서 죽을 것이다."

어둠이 내리자 과연 방연의 군대가 그곳에 도착했다. 방연은 부하를 시켜 횃불을 켜게 하고 그 글씨를 들여다보았다. 그가 자신이 거기서 죽는다고 씌여진 내용을 읽는 순간, 사방에서 비 오듯 쏟아지는 화살을 맞고 죽었다. 방연은 죽으면서 이렇게 외쳤다. "내가 애송이 손자란 놈의 이름을 날리게 하고 말았구나!"

실로 몇 수 앞을 내다본 통쾌한 전략이자 혜안이 아닐 수 없다.

지피지기면 백전백승이란 말을 실천한 것이다. 그러나 손자는 백전백승하는 것보다 싸우지 않고 이기는 것이 가장 훌륭한 승리라고 말하고 있다.

신화가 되어버린
영웅

롬멜 장군

★ **롬멜(Erwin Johannes Eugen Rommel, 1891~1944년)**

롬멜은 지휘자로서의 뛰어난 능력만큼 너무도 인간적인 군인이었다. 그는 총통 사령부 경호대장을 지내는 등 오랜 시간 히틀러와 함께 했지만 결국 그를 제거하려는 사람들과도 함께 했다. 그는 국가주의자였지 나치가 아니었다. 1943년 가을, 순수한 직업군인이었던 롬멜은 도저히 전쟁을 승리로 이끌 수 없다는 것을 깨달았다. 그는 히틀러가 패배를 받아들일 자세를 갖추고 있지 않다는 것을 분명히 느꼈다. 1944년 봄, 히틀러의 반대파들이 비밀리에 히틀러 축출 모임을 결성하고 그에게 접근한다. 롬멜은 독일을 전쟁으로부터 구출하려는 뜻에 동의했다. 그런데 공모자들은 히틀러 암살계획을 롬멜에게 알려주지 않았다. 그들은 롬멜이 정치적인 목적의 살인에 동의하지 않을 것이란 것을 알고 있었다. 그는 히틀러가 내리는 일체의 처형명령을 한결같이 무시했던 것이다. 1944년 7월 20일에 있었던 히틀러 암살음모는 실패하고 롬멜이 음모자들과 접촉한 사실이 밝혀졌다. 그는 히틀러의 자살권고 명령을 받고 음독자살하여 일생을 마쳤다. 그의 장례는 최고의 예우로 치러졌다.

'사막의 여우'(the Desert Fox)라고 불리는 롬멜 장군은 세계 전사에서 빛나는 불세출의 영웅이다.

그는 비록 패전국 독일의 장군이었지만 자신의 조국 독일에서 뿐만 아니라 적국인 영국에서도 영웅으로 추앙 받고 있다. 제2차 세계대전이 한창 진행 중인 1942년 초, 영국 수상 처칠은 영국 의회에 출석해서 롬멜에 대해 이렇게 말했다.

"우리는 대단히 용감하고 솜씨 좋은 적을 상대하고 있습니다. 나는 그를 이렇게 평가합니다. '그는 전쟁의 재앙이지만 그러나 장군으로서 더없이 위대하고 훌륭하다'라고 말입니다."

무엇이 롬멜을 그렇게 특별하게 만들었을까? 1941년, 북아프리카 전투에서 롬멜은 자신의 진가를 유감없이 발휘했다. 당시 북아프리카의 사막에서는 동맹국인 이탈리아가 영국과의 전투에서 붕괴 직전에 몰려 있었다. 히틀러는 롬멜에게 1개 기갑사단과 1개 경사단의 아프리카 군단을 지휘할 것을 명령했다.

한편 영국군은 13만 명의 이탈리아군 포로와 400대의 전차, 850문의 화포, 수 천대의 자동차를 획득하는 전과를 올리고서 독일군을 기다리고 있었다. 영국은 독일 원정군이 아프리카로 오고 있다는 것을 알고 있었지만, 독일군이 상륙해서 참호를 파고 방호벽을 세우는 동안 시간의 여유가 있다고 생각했다. 그러나 공격적 전쟁의 달인 롬멜은 달랐다. 그는 배가 항구에 도착하자마자 파죽지세로 적진을 향해 돌진했다. 이미 롬멜의 전차군단은 프랑스 해협 연안에서의 기습공격 때부터 '유령군단'이라는 별명을 얻고 있을 정도로 기계화된 기갑부대의 엄청난 가능성이 무엇인가를 알고 있었다. 방심한 상태에서 전격적인 기습공격을 당한 영국군은 퇴각하지 않을 수 없었다. 롬멜은 숨 쉴 틈도 주지 않고 아주 신속하고 교묘한 작전으로 영국군을 괴롭혀 전멸 상태에 몰아넣어 알렉산드리아에서 100킬로나 떨어진 곳까지 몰아내는데 성공한다.

롬멜은 또 '기만전술'의 달인이었다. 속도전으로 기선을 제압한 롬멜은 교활한 작전으로 끊임없이 연합군을 괴롭혔다. 그는 전력의 열세를 숨기기 위해 폴크스바겐 자동차에 나무판을 씌우고 색을 칠해 전차 모양으로 만들었다. 이 모형 전차가 모랫바람을 일으키며 맹렬한 기세로 사막을 내달리자 연합군은 아예 진지를 포기하고 달아났다. 그의 기발하고 창의력 넘치며 대담하고 지칠 줄 모르는 공격적 작전은 영국을 비롯한 연합군을 궁지에 몰아넣었다. 그러한 성공은 그를 독일 국민의 영웅으로 만들었고 이에 감동한 히틀러는 즉시 그를 육군 원수로 승진시켰다. 그러나 적들은 월등히 우세했다. 그래서 그는 이런 말을 했다.

"하나의 철십자훈장보다, 한 대의 탱크와 기름을 다오"

롬멜은 전장에서조차 대단히 신사적인 행동을 보임으로써 적군에게까지 존경을 받았다. 그는 대치 중인 영국군의 야전병원에 부상자가 먹을 식수가 떨어졌다는 이야기를 전해 듣자 장갑차에 백기를 달고 식수를 실어다 영국군에게 전달하도록 했다. 그러자 영국군은 그 보답으로 지프에 백기를 달고 와인을 실어다 독일군에게 전달했다.

롬멜은 전쟁에서만 영웅이 아니었다. 명령에 절대복종해야 할 군인이었지만 그는 히틀러의 유태인 학살명령을 단호히 거부했고, 엘 알라마인 전투에서 히틀러의 정지명령에도 불구하고 군대를 철수시켜서 7만여 명의 독일군과 3만여 명의 이탈리아군을 무사히 구출했다. 그래서 그는 히틀러의 신뢰를 완전히 잃었으나, 히틀러는 국민적 영웅을 함부로 대하지 못했다.

현대 미국 PR의
아버지

아이비 리

★ **아이비 리(Ivy Ledbetter Lee, 1877~1934년)**

아이비 리는 철강왕 카네기의 오른 팔이자 그의 후계자가 된 찰스 슈왑과 면담을 하기로 한 적이 있었다. 그런데 슈왑이 너무 바빠서 시간을 내지 못하는 것이었다. 이를 딱하게 여긴 아이비 리는 슈왑에게 자신을 만나기만 하면 10분 안에 업무 능률을 최소한 50%는 높일 수 있는 방법을 가르쳐 주겠다고 전했다. 그 소식을 들은 슈왑은 당장 아이비 리를 만나 그 비결이 무엇인가를 물었다. 아이비 리는 슈왑에게 한 장의 빈 종이를 건네며 다음날 해야 할 6가지의 중요한 일을 적게 했다. 슈왑이 6가지의 중요한 일을 적자 아이비 리는 그에게 중요도에 따라 우선 순위를 표시하도록 하고 말했다.

"아무리 중요한 일이라도 하루에 6가지 이상의 일을 할 수는 없습니다. 내일 아침 사무실에 도착하면 당장에 1번부터 시작해서 1번을 끝마칠 때까지, 다른 것은 보지 말고 1번만 실행하세요. 그러면 1번은 완벽하게 일이 끝날 것입니다. 그런 다음 같은 방법으로 2번, 3번을 처리하는 겁니다. 이 절차는 당신이 퇴근할 때에야 비로소 끝나게 됩니다. 퇴근 시간이 다 되었을 때, 비록 다섯 가지의 일밖에 처리하지 못했다고 하더라도 상심하지 마세요. 그 일은 내일 해도 되는 것입니다. 당신은 이미 가장 중요한 오늘의 일은 처리한 것이니까요."

두 사람이 만난 시간은 30분도 채 되지 않았지만, 몇 주 후에, 아이비 리는 2만 5천 달러짜리 수표와 편지 한 통을 받았다. 슈왑은 편지에 "당신은 정말 돈으로 따질 수 없는 내 평생 가장 가치 있는 가르침을 주었소."라고 썼다.

19세기 중반, 미국은 남북전쟁을 겪고 나서 본격적인 산업화의 시대를 맞이했고, 석유왕 록펠러, 철강왕 카네기, 금융왕 JP모건 등 거대 자본가 세력들이 등장했다. 그 무렵 아이비 리라는 재기 발랄한 언론인이 있었다. 그는 프린스턴 대학을 졸업하고 신문기자와 통신원으로 활동하면서 산업현장을 취재하고 다니며 록펠러, 카네기 등이 어떻게 거대한 자본의 제국을 형성해 나가는가를 지켜보았다.

1903년, 그는 5년간의 기자생활을 청산하고 최고의 자산가로 명성을 날리던 록펠러를 찾아갔다. 당시 록펠러는 '스탠더드 오일'이라는 세계 최대 정유회사를 소유하고 있었으나, 독점금지법 위반 혐의로 셔먼독점금지법 위반의 판결을 받는 등 경영상의 애로를 겪고 있었다.

리는 자진해서 록펠러의 PR자문역을 맡았고 '독점자본가', '악덕 기업주'란 비난을 받고 있던 록펠러의 이미지 개선에 탁월한 역량을 발휘하기 시작했다. 그는 록펠러를 '악덕 기업주'에서 '친근한 영감님'의 긍정적 이미지로 끌어올리는데 성공함으로써 PR인으로서 명성을 굳혀 나갔다. 리는 록펠러에게 자선사업을 권유했고 록펠러는 그의 권유를 받아들여 세계 최대의 자선단체인 '록펠러 재단'을 탄생시키기에 이르렀다.

아이비 리는 돈 많은 기업인들을 인간화하는데 최대한 노력을 기울임으로써 PR을 단순한 대행업무의 영역에서 '기업의 참모 (brain trust for the businesses we work with)' 기능으로 승화시킴으로써, 대중과 함께 하는 PR인이라는 독자적 지위를 확립시켰다. 당시 대부분이 전직 기자였던 PR인들은 언론대행술(press agentry), 즉 확대, 과장하는 선전기법을 주로 하는 PR기법으로 사실의 호도를 일삼았다. 그러나 아이비 리는 "진실을 말하라, 대중은 알아야 한다, 모든 일은 공개적으로 행한다." 등의 뚜렷한 '원칙의 선언(Declaration of Principles)'을 발표하고 '원칙'에 의한 PR활동을 수행했다.

그는 기업이 사실을 숨기고 알리지 않는 것이야말로 대중으로부터 의혹을 사게 되는 소지라고 믿었으며, 기업은 모든 사실을 정직하게 알려야 하며 그 입장을 명백히 드러내야 한다고 역설했다. 기업은 전통적인 관념대로 대중을 무시해서는 안 되며 언론대행 기법으로 속여서도 안 된다는 것이었다. 그의 이러한 방침은 당시 시대 상황으로는 상식을 초월하는 놀랍고 아주 혁명적인 것이었다.

그는 이처럼 놀라운 신조 하에서 산업계의 모든 사실을 언론과 대중에게 알려야 할 필요가 있다고 생각되는 정보를 즉각적이고 정확하게 제공하려고 노력했다. 그와 같은 PR인으로서 공적은 역사상 길이 남는 족적이 되었다.

그는 1934년 생을 마감할 때까지 거의 30여 년간 여러 가지 PR 원칙과 기법을 창안하고 실천함으로써, 현대적 PR의 모델을 제시했고 전설적 인물로서 남아 '현대 미국 PR의 아버지'라고 불리게 되었다. 그는 1921년 콜롬비아 대학교의 저널리즘 스쿨에서 열린 모임에서 다음과 같이 말했다.

"우리는 위대한 민주주의 시대에 살고 있다. 그리고 결국 민주주의의 생명은 국민들의 판단이 건전한가의 여부에 달려 있다. 만약 판단이 건전하다면, 국민들도 건전할 것인데 그 이유는 그들의 그런 판단은 엄청난 양의 정보에 기초하고 있기 때문이다. 그들은 그런 판단을 내릴 수 있는 엄청난 양의 정보를 가질 것이기 때문이다."

나는 내 임무를 다했노라

호레이쇼 넬슨

★ **호레이쇼 넬슨(Horatio Nelson, 1758~1805년)**

넬슨은 해전 사상 이순신 장군과 더불어 가장 으뜸가는 영웅으로 추앙받고 있다. 넬슨과 이순신은 해군 제독으로서 비슷한 점이 많았다. 이순신은 온갖 모함을 받고 백의종군하는 역경을 지닌 반면 넬슨은 오른쪽 팔과 오른쪽 눈을 잃는 고통 속에서도 최선을 다했다. 넬슨은 1801년 덴마크 해군과 치열한 코펜하겐 해전을 벌여 승리했다. 넬슨은 12척의 함선을 이끌고 코펜하겐 항구로 들어갔다. 이 해전은 영국 해전 역사상 전에 없이 치열했다. 코펜하겐 하늘을 온통 대포알로 뒤덮자 넬슨의 상관인 파커제독은 넬슨에게 후퇴하라고 명령했다.

그러나 넬슨은 보이지 않는 오른쪽 눈에 망원경을 대고 있다가 부하들에게 소리쳤다.

"나는 눈이 하나뿐이야. 그래서 때로는 보지 않을 권리가 있단 말이야."

그는 전투를 계속했고 영국은 후퇴하지 않고 버틴 덕택에 승리를 거뒀다. 넬슨과 이순신은 죽음의 순간도 비슷했다. 두 사람은 최후의 전투에서 승리를 거두었지만 위대한 승리를 끝까지 살아서 지켜보지 못했다.

호레이쇼 넬슨은 영국이 가장 자랑하는 리더십을 지닌 해군 제독이었다. 영국인들은 리더십에 관해서 공부할 때 언제나 넬슨을 첫 번째로 선택한다. 그의 리더십은 영국이 18세기 세계를 제패하게 만든 해군통치 시대를 활짝 열었다.

넬슨은 12살의 나이에 해군에 입대하여 21살의 나이에 함장이 되었다. 그는 젊은 시절부터 정확한 판단력과 넘치는 카리스마로 리더십을 발휘했다. 그는 1794년, 코르시카섬을 점령하는 공을 세웠으나 오른쪽 눈을 잃었고, 1797년 2월, 빈센트곶 해전에서 오른쪽 팔을 잃었다. 일그러진 눈과 잘려나간 팔로 인한 고통에도 불구하고 그는 절대 굴하지 않는 열정과 투지로 나폴레옹의 프랑스 함대와 대결하는 중심인물이 되었다.

1798년 나일강 입구의 아부키르만 해전에서 프랑스 함대를 격파하여 그는 '나일강의 남작(Baron)'이라고 불리며 영국의 영웅이 되었다. 그는 신체적인 악조건에도 불구하고 항상 여유로움을 갖고 부하들을 대했다. 넬슨은 병사들의 근무환경을 일일이 챙기며 사기를 북돋우는 데 많은 신경을 썼다. 그는 병사들의 막사가 쾌적하게 유지되도록 했고 병사들에게 음악과 댄스를 가르치고 사비를 들여서 담요와 책을 제공하기도 했다. 병사들은 그의 인간성과 동료애를 좋아했다. 그가 오른쪽 눈을 잃을 때는 뿜어져 나오는 피가 눈앞을 가렸는데도 의사에게 "나는 죽지 않소. 나보다 저 병사부터 치료해 주시오."라고 말했다. 그 광경을 지켜본 부하들은 그를 신뢰하고 따르지 않을 수 없었다.

1805년 나폴레옹은 도버 해협을 건너 영국을 침공하려는 계획을 세웠다. 영국인들은 바다의 영웅 넬슨에게 모든 희망을 걸었다. 기함 빅토리호에서 47번째 생일을 맞은 그는 15명의 함장과 함께 저녁식사를 하며 작전지시를 내렸다.

"우리는 적 함대의 중앙을 공격해서 적을 둘로 나눈 뒤 한쪽 먼저 공격해서 괴멸시키고 나머지를 공격해서 괴멸시킨다."

이것은 전열을 지어 싸우는 전통적 전술을 벗어난 마지막 작전 계획이었다. 넬슨은 자신이 타고 있는 빅토리호 후미에 깃발을 게양하도록 지시했는데 깃발에는 다음과 같이 표시되어 있었다. "넬슨은 모든 병사들이 맡은 바 임무를 다할 것이라고 믿는다."

10월 21일 새벽, 트라팔가르곶 근해에서 프랑스 · 스페인 연합 함대가 모습을 드러냈다. 영국군은 넬슨의 작전대로 중앙돌파 작전을 개시했다. 넬슨은 최후를 예감했는지 전투개시 전에 사랑하는 아내 에마 해밀턴과 딸 호레이쇼를 국가에 맡긴다는 문서에 서명했다. 넬슨의 함대는 프랑스 함대를 추격해서 적의 연합 선단을 둘로 가르는 대담한 분단작전을 개시했다.

전투는 빅토리호 주위에서 가장 치열하게 전개되었다. 이 전투에서 넬슨은 프랑스 저격병의 총탄에 맞았다. 탄알이 그의 왼쪽 어깨에 맞게 되고, 폐를 뚫고 등뼈에 꽂혔다. 그는 군의관에게로 옮겨졌으나, 가망이 없음을 알게 되었다. 그러나 전투상황 보고를 받은 그는 15척의 적선을 나포했다는 말을 듣고 "잘했다. 하지만 나는 20척으로 기대했다."고 말했다. 오후 4시 30분, 승리의 소식을 전해들은 그는 마지막으로 이런 유명한 말을 남기고 숨을 거두었다.

"나는 나의 임무를 다했노라."

해군 제독 빈센트는 이런 말을 남겼다.

"난 지금까지 모든 사람들이 하나처럼 행동할 수 있도록 자신이 생각하는 바를 타인에게 불어넣는 마술적인 능력(magic art)을 지닌 사람을 결코 본 적이 없다. 넬슨 제독을 제외하고는 …."

비즈니스
리더십

현대 광고의 아버지 **데이비드 오길비**
샐러리맨의 새로운 신화 **강덕수**
한국경제에 쇳물을 부은 '철의 사나이' **박태준**
직원들이 경영하는 기업을 만들다 **존 멕케이**
경영은 예술이다 **이승한**
위기는 기회다 **윤석금**
'69분기 연속 흑자'의 신화 **허브 켈러허**
M&A의 살아있는 교과서 **박용만**
살아 있는 지식의 전도사 **퍼시 스펜서**
먼저 제대로 된 제품을 만들어라 **하워드 헤드**

현대 광고의 **아버지**

데이비드 오길비

★ 데이비드 오길비(David MacKenzie Ogilvy, 1911~1999년)

데이비드 오길비는 '광고계의 전설'에 가깝다. 광고를 공부하는 학생이나 광고업계에 종사하는 사람은 누구나 그의 이름을 안다. '타임'은 오길비를 '광고계 최고의 천재'라고 했고 '뉴스위크'는 '광고계의 거인'이라고 일컬었다. 그의 광고 철학은 언제나 원칙에 충실하라는 것이었다.

"모든 광고는 판매의 모든 것을 말해야 한다. 카피의 모든 단어들은 반드시 계산되어야 한다. 또 성실하지 않으면 지속적으로 성공할 수 없다. 사람들은 어설픈 광대가 파는 물건을 사지 않는다. 만약 소비자들을 즐겁게 하는 목적으로 광고비를 쓴다면, 원하는 만큼 제품을 팔 수 없을 것이다. 사람들은 지난밤에 광고주가 텔레비전에 나와 한 농담 때문에 새로 나온 세제를 사지는 않는다. 제품의 혜택을 약속해야 물건을 팔 수 있다."

그가 남긴 광고 철학은 그가 광고업계에 뛰어든 지 50년이 넘은 지금도 전 세계 광고인들에게 영감을 주고 있다. 그의 성공의 비밀은 간단하다. 그는 '상품을 파는 광고'를 만들었던 것이다.

늦게 출발한다고 반드시 불리한 것은 아니다. 광고 역사 상 가장 뛰어난 크리에이티브로 알려진 데이비드 오길비는 38살에 시작해서 불멸의 성공신화를 이룩했다. 당시 그가 취직을 위해서 내놓은 이력서를 보자.

"38세의 실업자입니다. 대학을 중퇴했습니다. 요리사, 세일즈 맨, 외교관을 거쳐 농사도 지어봤습니다. 마케팅에 대해선 아무것 도 모르고 카피는 써보지도 않았습니다. 광고가 재미있어서 업(業) 으로 삼겠다고 결심했으며 연봉 5천 달러를 희망합니다."

그런데 그는 그동안 무엇을 하다가 늦은 출발을 결심하게 되었 고, 어떻게 엄청난 성공을 거둔 것일까?

오길비는 영국 웨스트 호슬리에서 태어나 옥스퍼드에서 역사 학을 전공했지만 2학년 때 낙제를 해서 퇴학당했다. 파리로 가서 요리를 배웠으나 적성에 맞지 않아서 다시 영국으로 돌아와 '아가 쿠커스' 라는 주방용품 회사에 취직해서 집집마다 돌아다니며 요리 용 스토브를 팔았다. 제2차 세계대전 동안에는 영국 정보국에서 외 교안보에 관한 자료를 분석하고 보고서를 작성하는 일을 했다.

전쟁이 끝난 후에는 미국 펜실베이니아에 농장을 사서 정착했 으나, 농장생활이 적성에 맞지 않는다는 사실을 깨달았다. 이 때문 에 20대 중반부터 광고에 관심을 가졌으면서도 38세가 되어서야 광고 일을 시작하게 되었다. 그런데 그의 다양한 경험이 아주 큰 자 산이 되었다.

오길비는 자신이 광고할 제품을 속속들이 이해하는 것이 중요하다고 생각했다. 그는 언제나 광고 문안을 쓰기 전에 제품에 대해 연구했다. 많이 알면 알수록 더 좋은 아이디어가 떠오르기 때문이었다. 1958년 롤스로이스 자동차의 광고를 의뢰받았을 때, 그는 3주 동안 롤스로이스에 관한 책들을 읽었다. 그러던 중, '시속 60마일로 달리는 최신형 롤스로이스 속에서 가장 큰 소음을 내는 것은 바로 전자시계라는 문구를 발견하고 이것을 광고에 차용했다.

"시속 60마일로 달리는 롤스로이스 안에서 가장 큰 소음은 전자시계의 초침 소리입니다."

헤드카피로 천재성을 드러낸 오길비의 롤스로이스 광고는 재래식 광고를 한 차원 뛰어넘은 작품으로 평가받으며 이후 광고계의 고전이 되었다. 그는 광고문구가 사람들이 제품에 대해 흥미를 느끼게 할수록 구매할 확률이 높다고 확신했다. 사람들을 지루하게 만들면 제품을 판매할 기회도 없다는 것이다. 그는 이런 말을 했다.

"나는 광고를 엔터테이먼트나 예술형태로 간주하지 않는다. 그보다는 하나의 정보전달 매체로 생각한다. 광고 카피를 썼을 때 그것이 크리에이티브하다는 칭찬을 받고 싶지 않다. 그보다는 '광고가 너무 재미있어서 제품을 사고 싶다' 라는 말을 듣고 싶다."

그래서 오길비는 먼저 제품 자체, 그 제품에 대한 조사결과, 그와 연관된 광고의 전례 등에 대해 연구하라고 말한다. 그런 다음에 사무실 문을 닫고 들어앉아서 혼자 쓰라는 것이다. 그런데 역설적이게도 오길비는 광고 역사상 가장 뛰어난 크리에이티브로 불리고 있다.

오길비의 자서전 '어느 광고인의 고백'은 광고에 입문하기 전에 꼭 읽어야 할 광고계의 바이블로 알려져 있는데, 그 책에는 카피라이터, 크리에이티브 디렉터, 일러스트레이터, 포토그래퍼 등에게 가장 유용한 실무 지침이 담겨져 있다고 한다. 오길비가 젊은 시절 아가 쿠커스의 직원교육을 위해 작성한 판매지침서는 훗날 '포춘' 지로부터 지금까지 나온 판매지침서 중에 가장 뛰어나다는 극찬을 받았다.

샐러리맨의 새로운 신화

강덕수

★ **강덕수(1950년~)**

강덕수는 창업 10년을 맞이하면서 샐러리맨 신화를 이어가고 있다. 그는 '나는 생각을 행동에 옮겼을 뿐이다.'라는 책에서 "나의 오늘이 젊은이들에게 작은 희망이라도 줄 수 있으면 좋겠다."고 하며 이런 이야기를 하고 있다.

"똑같은 시기에 비슷한 생각을 하는 사람은 많지만 실천에 옮기는 사람은 드물다. 나는 생각을 행동에 옮겼을 뿐이다. 기회는 도전하고 실천하는 자에게 주어지는 선물 같은 것이다."

"회사원 시절 '꼭 CEO가 되야겠다'고 생각했던 것은 아니다. 하지만 월급쟁이라고 생각하지도 않았다. 내가 몸담은 회사이니 내 회사라는 오너의 자세로 일했다."

"나는 지금도 내가 주류라고 생각하지 않는다. 주류가 언제나 사회의 리더가 되는 것은 아니다."

"1조 원 이익보다 1만 명 고용이 더 중요하다."

"그룹은 함대이며, 여러분은 각 함정을 지휘하는 함장들이다. 누구의 눈치도 보지 말고 소신껏 깨끗하고 정직하게 그리고 책임을 지겠다는 각오로 함정을 이끌어주길 바란다."

"아무리 사소한 잘못이라도 절대로 눈감아 주는 일이 없도록 해주기 바란다. 여러분께 지적받는 것이 나중에 닥칠 수 있는 위기를 막는 가장 확실한 방법이기 때문이다."

회사를 세운 지 10년도 안되어 재계 12위의 그룹을 만든 이가 있다. 게다가 그는 월급쟁이로 시작한 아주 평범한 샐러리맨이었다. STX그룹의 강덕수 회장이 그 주인공이다. 어떻게 그런 일이 가능한 것이었을까?

강 회장이 STX그룹을 출범시킨 것은 2001년의 일이다. 그는 1973년 쌍용양회에 평사원으로 입사해서 평생을 샐러리맨으로 살아오다가 은퇴를 준비할 나이에 자신의 모든 것을 건 새로운 도전을 시작했다.

그는 쌍용시절 주로 기획, 총무, 재무 등 회사 경영 상황에 능통한 부서에서 근무한 탓에 숫자에 강하고 꼼꼼하다. 2000년 당시 쌍용중공업이 퇴출기업으로 지정되자 회사의 재무총괄(CFO)이었던 그는 승부수를 던졌다. 인수주체인 '한누리 컨소시엄'으로부터 능력을 인정받아 대표이사로 발탁되자, 사재를 털어 회사지분을 사들이고, 마침내 최대주주로까지 올라섰다.

그때부터 그의 행보는 거침이 없었다. 그는 탁월한 추진력으로 지속적인 투자와 적극적인 M&A에 나섰다. 그는 2001년 법정관리 중이던 STX조선(옛 대동조선)을 1,000억 원에 인수한 데 이어 2002년에는 STX에너지(옛 산업단지관리공단에너지), 2004년에는 STX팬오션(옛 범양상선)을 차례로 사들이면서 사세를 확장했다.

때마침 불어 닥친 해운·조선호황은 STX의 비약적인 성장을 가능하게 했다. 승기를 잡은 강 회장은 공격적 확대경영이라는 전략을 구사해서 회사를 극적으로 키워나갔다. STX그룹은 과감한

M&A을 통해 현재 17개 국내 계열사와 48개 해외 네트워크를 갖추게 되었고, 2001년 이래 매출 34배, 자산 16배, 수출은 78배나 늘어났다. 핵심계열사인 STX조선은 부실기업에서 세계 5위의 조선소로 성장했고, 2001년 인수당시 3억 6,000만 달러에 불과하던 수주액은 100억 달러 달성을 바라보고 있다.

흔히 STX그룹을 M&A를 통해 성장한 기업이라고 하지만 강 회장의 M&A에는 문어발식이 아닌 명확한 원칙과 기준이 있었다. 그는 그룹 출범 이후 조선, 해운, 에너지 전문기업으로 한 우물을 파겠다는 각오로 매달렸다. 그리하여 STX그룹은 현재 '조선기자재 - 선박엔진 - 조선 - 해운'으로 이어지는 조선 · 기계 · 해운 분야 전반에 걸친 사업 포트폴리오를 갖추게 되었고 시너지가 큰 연관산업 진출을 통해 조선 · 해운 · 에너지 분야 전문기업으로 도약했다. 그래서 강 회장은 이렇게 말한다.

"STX그룹은 전문 분야에서 세계적인 기술력과 영업 노하우로 세계시장을 공략한다는 사업전략을 지금까지 실천해오고 있다. STX그룹은 연관성이 높은 사업을 선택해 한쪽이 좋아지면 다른 계열사들이 자연스럽게 좋아지는 구조를 갖추고 있다. 해운 · 물류, 조선 · 기계, 에너지 · 건설 등 3개 분야를 중점적으로 육성해 그룹 매출액을 2010년 20조 원으로 확대한다는 목표를 갖고 있다."

시장 평가의 지표인 주식가격은 STX그룹 주가 테마를 형성할 만큼 좋은 평가를 받고 있다. STX그룹 상장사의 시가총액은 22조 원을 훌쩍 넘어서 국내 대기업 중 9위 수준을 보이고 있다. 이는 금

호아시아나, 한화, 한진 등 재계 순위에서 앞선 10대 그룹보다 높은 수준이다. 2008년 5월 STX는 세계 최대의 크루즈선 건조사인 노르웨이의 '아커야즈' 인수 절차를 마무리함으로써 국내 조선업계의 숙원 분야인 크루즈선 분야에도 본격적으로 진출하고 세계 톱클래스 조선그룹으로 도약할 발판을 마련했다.

한국경제에 쇳물을 부은
'철의 사나이'

박태준

포스코는 한국의 경제 기적을 대표하는 기업이다. 한국이 지난 1960년대 1인당 국민 소득은 80달러의 세계 최빈국인 농업국에서 공업국가로 전환하는데 있어서 포스코가 담당한 역할은 지대한 것이었다. 포스코의 창립자이며 제1대 회장을 역임한 박태준은 1965년 어느 날, 경제 개발에 열을 올리고 있던 당시 대통령 박정희의 부름을 받는다.

"경제 개발을 하려면 산업의 쌀인 철강 산업을 일으켜야겠어. 자네가 그 일을 맡아주게."

박태준의 육사생도 시절에 박정희는 육사교수로 그에게 탄도학을 가르친 스승과 제자 사이였다.

"저는 용광로도 본 적이 없는 문외한인데 어떻게…."

"나는 임자를 잘 알아. 이건 아무나 할 수 있는 일이 아니야. 어떤 고통을 당해도 국가와 민족을 위해 자기 한 몸 희생할 수 있는 인물만이 이 일을 할 수 있어. 아무 소리 말고 맡아!"

임무를 부여받은 박태준은 그때부터 '철의 사나이'로 변신한다.

그는 모래벌판으로 유명했던 포항 영일만의 허허벌판에서 용광로 구경조차 해본 일이 없는 39명의 창업요원을 이끌고 포스코 건설의 첫 삽을 떴다. 그러나 세계은행(IBRD)은 '1968년도 한국경제 평가 보고'에서 한국이 종합제철공장을 건설하는 것은 경제성이 없으니 종합제철공장 건설을 연기할 것을 주장했다.

망연자실해진 박태준은 세계 곳곳을 돌아다니며 차관을 요청했다. 그러나 선뜻 돈을 빌려주겠다거나 기술이전을 해주겠다는 나라가 없었다. 어떻게든 자금줄을 뚫어보려고 백방으로 노력하며 뛰어다니던 그는 한일협정 때 농·어업분야에 사용하기로 돼 있는 대일 청구권 자금을 전용하는 아이디어를 떠올렸다. 그는 직접 일본 정·재계 지도자들을 설득해서 일본으로부터 자금을 조달하고 기술을 제공받는 데 성공했다.

1970년 4월 1일, 연산 103만 톤 규모의 1기 설비를 착공했고 그날부터 바닷바람에 모래가 날려 눈도 뜰 수 없는 공사현장에 매달려서 자기 손으로 세계 최고의 철강회사를 만들겠다는 투지와 야심으로 날을 새웠다. 그때 박태준은 제철소 건설에 실패하면 모두 영일만에 우향우하여 투신할 수밖에 없다는 결연한 말을 남겼다.

"우리 조상의 혈세로 짓는 제철소입니다. 실패하면 조상에게 죄를 짓는 것이니 목숨 걸고 일해야 합니다. 실패란 있을 수 없습니다. 실패하면 우리 모두가 우향우해서 영일만에 빠져 죽어야 합니다. 기필코 제철소를 성공시켜서 조상의 은혜에 보답합시다. 제철보국! 이제부터 이 말은 우리의 확고한 생활신조요, 인생철학이 되어야 합니다." 이 '우향우 정신'은 지금까지도 포스코인의 뇌리에 남아 있는 포스코 정신이자 자산이 됐다.

1973년 6월 9일, 드디어 1기 설비가 건설착공 3년 2개월 만에 준공되어, 첫 쇳물을 생산하는 역사적인 순간을 맞이했다. 여기서부터 '포스코의 신화'는 시작되었다. 그 후 포스코는 네 번의 확장사업 끝에 1983년 조강 910만 톤 체제를 완공한데 이어, 1985년 광양 1기 착공을 시작으로 1992년까지 450만 평의 바다를 메워 세계 최신에 최대인 광양제철소 건설에 성공했다. 그 후 포스코는 조강 5,000만 톤에 이르는 세계 5위의 종합제철업체로 떠오르며 놀라운 성적표를 보여주었고 그 신화의 중심에는 박태준이 있었다. 그는 자본, 기술, 경영능력도 없는 가난한 후진국에서 사업타당성이 없다는 국제금융기관의 논리를 뒤엎고 온갖 장애를 극복하면서 세계에서 가장 효율적인 철강회사를 만들어낸 불가사의한 인물로 평가 받고 있다.

직원들이 **경영**하는
기업을 만들다

존 멕케이

⭐ **존 멕케이(Jhon McKay, 1954년~)**

매년 로하스 시장 분석보고서를 펴내고 있는 미국의 '내추럴 마케팅 연구소'의 시장
조사에 따르면 로하스 시장의 주 타깃이 유기농이나 친환경 상품을 찾는 것에서 더
욱 발전하고 있다. 로하스 시장은 그동안 마니아 계층을 넘어서서 보편적 소비자 계
층을 형성하면서 크게 확대 되어 요가 비디오, 친환경 의류, 태양에너지를 이용한 조
명기구, 하이브리드 자동차, 재생 에너지, 사회책임투자에도 관심을 갖는 식으로 확
대 되었다. 인터넷에 익숙해진 소비자들은 자신들이 추구하는 가치에 맞는 상품만을
찾아서 국경을 넘나들면서 분주하게 정보 탐색을 한다. 그들은 소비자 단체나 환경
단체에서 제공하는 정보를 지속적으로 찾고 나아가서 서로 그 정보를 교환하는 연대
를 형성하면서 로하스 시장의 저변을 확대해 나가고 있다. 그동안 로하스 제품의 발
목을 잡아온 것은 높은 가격과 의심스러운 품질이었다. 그러나 수요기반이 넓어지
고, 더 많은 기업들이 로하스 제품 생산에 뛰어들면서 기술은 지속적으로 발전해서
더 좋은 품질의 환경 친화적인 제품을 패셔너블하게 만드는 것이 가능해졌고 가격이
하락하고 있다. 이러한 로하스 시장의 중심에 홀푸드마켓이 있다.

신입사원을 회사의 CEO나 경영진이 뽑는 것이 아니라 종업원들이 뽑는 회사가 있다. 잘 믿기지 않겠지만 세계 최대의 유기농 슈퍼마켓인 홀푸드마켓(Whole Foods Market)이 바로 그 회사다. 1980년, 채식주의자인 존 멕케이는 텍사스 오스틴에서 아무도 관심을 갖지 않던 유기농 전문점을 처음 열었다. 한창 생태주의운동이 확산되던 시기에 출발한 홀푸드마켓은 로하스 제품의 붐을 타고 연매출 66억 달러를 올리는 세계 최대의 유기농 판매업체로 성장했다.

홀푸드마켓은 살충제나 화학 비료를 쓰지 않은 자연식품과 유기농 제품만을 취급하는 전문점으로 일반 마켓에 비해 1.5배 내지 2배 이상 가격이 비싸지만, 일 년 내내 고객들로 북적거린다. 처음 출발할 때 19명이던 종업원은 4만 3천 명으로 늘었고, 미국, 캐나다, 영국에 276개의 매장을 갖게 됐으며 1992년 나스닥 상장 이후 지금까지 주가가 무려 2,500% 상승했다.

그런데 이 회사를 미래경영의 화두로 삼게 만든 것은 그런 경영실적 때문이 아니다. 이 회사를 경영하는 주체가 바로 종업원들이라는 것이 홀푸드마켓을 경영혁신 모델케이스로 만든 것이다.

창업주 존 멕케이는 일선 종업원만큼 매장의 문제점을 잘 알고 있는 사람은 없다는데 착안해서 책임과 권한을 동시에 부여하는 개방적 시스템을 구상하고 그것을 실천에 옮겼다. 그는 과감하게 홀푸드마켓의 모든 직원에게 팀 단위로 고용과 해고, 물품 구매에 대한 재량권을 주었다. 보통 한 매장은 수산물, 농산물, 계산대 등 평균 8개 팀으로 이뤄져 있는데 직원들은 팀 별로 전례를 찾을 수 없는 권한을 갖게 되었다. 이들은 어떤 물건을 들여 놓을지부터 가격 책정, 직원 인사까지 결정할 수 있게 되었다. 신입사원 고용에 대해서도 관리자가 아니라 팀 자체가 거부권을 가지고 있다.

신입사원이 정규직 자리를 얻기 위해서는 그 팀의 3분의 2 이상의 동의가 있으면 되고, 4주간의 인턴십을 마친 후, 신입사원은 팀원의 투표에 의해 취업이 결정된다. 이처럼 직원들이 일개 종업원이 아니라 경영자적 입장을 갖게 되자 홀푸드마켓은 놀라운 성과를 창출하기 시작했다.

모든 직원은 가격 결정이나 주문, 채용, 매장 내 제품홍보 등 운영상 중요한 모든 결정에 책임을 지게 된 탓에 주인의식으로 똘똘 뭉쳐서 회사 일에 임하게 되었다. 홀푸드마켓의 경영모델은 근본적으로 종업원 중심의 민주적 혁신 모델로서 미래경영의 화두를 이끌어낸 것이다. 최고경영자와 팀 멤버들 사이의 신뢰를 바탕으로 움직이는 홀푸드마켓은 다양한 노력을 하고 있다.

먼저 '비밀은 없다.'라는 홀푸드마켓의 경영철학에 따라 기업 내의 모든 데이터를 직원들이 자유롭게 열람할 수 있다. 직원들 모두가 회사의 민감한 영업, 재무데이터인 일일 매출, 팀 매출, 상품 원가, 점포당 이윤 등을 자유롭게 열람할 수 있는 까닭에 급여나 상여금 결정에 대해 관리자가 개인적인 편애나 근거 없는 차별을 두기 어려운 것은 물론 노사 간의 두터운 신뢰를 만들어 높은 노동생산성을 기록해 내고 있다. 또한 존 맥케이는 미국 사회에서 만연하는 극심한 급여 격차는 커뮤니티 정신에 모순되며 신뢰보다는 분노를 일으킨다고 믿는 탓에 임원진의 보상을 회사 평균의 19배를 초과하지 못하도록 제한함으로써 구성원들의 전폭적인 신뢰를 얻고 있다.

홀푸드마켓은 이제 단순한 식품점을 넘어 개인과 사회, 지구의 건강과 지속가능성에 기여하는 기업을 지향하고 있다. 홀푸드마켓은 매년 매출액의 5%를 사회단체에 기부하고 있다.

경영은 예술이다

이승한

★ **이승한(1946년~)**

2003년, 홈플러스 동수원점에서 일어난 일이다.

"당신, 예술가구먼!"

그곳 생선 코너를 찾은 이승한이 느닷없이 이렇게 외쳤다. 그 소리를 들은 본인은 물론 동행한 임직원들도 처음에는 그 말의 뜻을 몰라 고개를 갸웃했다. 그러자 그가 웃으며 말했다.

"보라고, 생선을 이렇게 멋지게 디스플레이 했으니 당신은 진짜 예술가야. 생선이 바닷속을 헤엄치는 것 같잖아. 이게 바로 설치미술이지 뭐 다른 게 예술인가?"

이날 생선 코너 직원은 생선을 일렬로 늘어놓던 방식을 바꾸어서 색다른 방식으로 진열해 놓았는데, 이 사장의 예민한 눈이 그것을 놓치지 않았던 것이다. 예술경영을 강조해온 그는 이렇게 상상력을 발휘하는 이들을 격려하곤 한다.

"예술경영이라고 하니까 엄청나게 예술적인, 우아한 경영인 줄 알아요. 그러나 예술이란 게 뭡니까? 낡은 것을 부인하고 새 것을 탄생시키는 것 아닙니까? 남과 다르게 생각하는 독창성, 그게 바로 예술경영의 핵심이죠."

삼성테스코 '홈플러스' CEO인 이승한 사장은 흔히 '경영 예술가'라고 불린다. 그는 '경영은 예술이다'라고 규정하고 예술경영의 전도사로 자처하고 있다. 그는 특히 유통에서 예술적 감각은 필수적이라고 강조한다. 도시 미관을 고려한 점포 외관은 감성 경영, 오감 경영의 한 예로써 도시 경쟁력과 주민의 삶의 질에 있어서 엄청난 차이를 가져오고, 또한 고객과의 감성 터치는 유통업에 생명을 불어넣는 숨결이라는 것이다.

이승한 사장은 30년간 삼성에서 일을 해온 삼성맨이다. 그런데 그는 삼성맨답지 않게 '돈키호테'라는 별명을 가지고 있다. 그는 1970년 삼성그룹에 입사한 후 신세계백화점, 삼성물산 등을 거쳐 1997년 삼성물산 유통부문 대표이사가 된 후, 1999년 삼성과 영국 테스코 합작사인 삼성테스코의 수장이 되었다.

홈플러스는 경쟁이 아주 치열한 할인점업계에 아주 늦게 뛰어든 후발주자이다. 이 사장은 어떻게 돌파구를 찾아서 성공에 이를 것인가에 골몰했다. 1999년 홈플러스가 출범할 당시 전국에는 이미 100여 개에 달하는 대형할인점이 포화 상태를 이루고 있었다.

이 사장은 후발주자로서의 한계를 극복하기 위해서 시장 분석을 철저히 시작했다. 그래서 찾아낸 것이 '가치점(Value Store)' 개념이었다. 가치점이란 기존의 할인점 개념과는 달리 단지 싸게 상품을 파는 할인점이 아닌 고객들이 좋은 품질의 상품을 싸게 편리하게 구매하면서, 좋은 서비스를 받을 수 있고, 쾌적한 쇼핑을 즐길 수 있는, 최고의 가치를 느낄 수 있는, 그런 개념의 점포였다.

드디어 단 2개 점포로 시작한 홈플러스는 백화점 이상의 수준을 갖춘 신개념의 할인점으로 탄생했다. 그것은 '할인점은 싸기만하면 된다'는 선입견을 깨뜨리고 창고같이 흉물스런 모양이 아니라 놀이방, 은행, 자동차정비소, 문화센터까지 갖춘 백화점 수준의 할인점이었다. 호텔을 연상시키는 세련된 점포, 미술관처럼 꾸며진 조각과 벽화장식, 거기에 천장은 오픈형으로 툭 트여 있고 매장의 노른자위인 1층에 문화센터가 자리 잡고 있는 상상을 초월한 할인점이었다. 이 사장은 홈플러스 안에 동사무소까지 유치해서 원스톱(One Stop) 쇼핑을 넘어선 원스톱 라이프(One Stop Life) 서비스를 시작했다.

홈플러스는 출발하자마자 이마트, 롯데마트, 까르푸, 월마트 등 쟁쟁한 경쟁 업체의 견제 속에서도 2001년 1조 3,000억 원의 매출로 전년 대비 230%의 성장을 기록하며 할인점 업계 매출 기준 3위를 달성했다. 2002년에는 2조 1,500억 원, 2003년에는 30개 점포에서 3조 3,000억 원의 매출로 2위의 위치를 확보했다.

홈플러스는 할인점으로는 처음으로 소매금융 서비스 제도를 도입하여 300만 명의 패밀리 카드 회원을 확보했고, 그것을 기반으로 현금자동지급기(ATM), 아파트 담보대출을 비롯해 자동차보험 사업 진출을 위한 포석을 마련했다. 그 결과 2004년에는 점포수 32개에 3조 9,000억 원의 매출을 기록하여 동종업계 1위인 이마트를 바싹 뒤쫓았다.

반면 세계 유통시장에서 1, 2위를 자랑하는 월마트와 까르푸는 한국 땅에서 버티지 못하고 모두 철수했다. 홈플러스가 비약적인 발전을 거듭하자 2003년 미국 하버드대학은 홈플러스를 성공 비즈니스 모델로 선정해서 연구 과제로 삼았다.

하버드가 주목한 것은 당연히 이 사장이 주창한 '예술경영론'이다. 창립 이후 최단기간에 매출액 1조 원 돌파와 2000년에서 2005년까지 연평균 67%라는 경이적인 매출신장률을 기록한 홈플러스는 기업 문화에서도 우리의 '신바람' 문화를 정착시켰다.

위기는 기회다

윤석금

웅진의 홈페이지를 방문하게 되면 우리는 아주 재미있는 장면을 만나게 된다. 웅진이 기업이념으로 내세우고 있는 '또또 사랑'을 만나게 되는 것이다. '또또 사랑'이란 고객을 '사랑하고 또 사랑하고, 또, 또 사랑하자.'는 뜻이다. 또또 사랑은 다른 회사들과는 차별성이 있는 웅진만의 독특한 경영정신이다. 이 아이디어는 물론 윤석금의 머리에서 나온 것이다. 그가 말하는 또또 사랑이란 고객만족경영, 고객중심경영의 다른 말이다. 다음 말은 웅진그룹 경영정신의 핵심이다.

"한국인은 신바람이 나고 기를 살려주면 불가능도 가능으로 만드는 엄청난 저력이 있어요. 그렇다면 어떻게 하면 사람들에게 신바람이 나게 할 수 있을까를 생각하다 보니 바로 '사랑'이었어요. 그런데 나는 '또또 사랑'을 강조했어요. '사랑하고 또 사랑하고, 또 또 사랑하자.'는 뜻이죠. 서로 아끼고 사랑하는 조직문화, 상하가 소통하는 기업문화를 정착시키기 위해서지요. 오늘날 웅진이 이만큼 성장할 수 있었던 것은 초창기부터 지금까지 직원들 모두가 신바람 나게 일하는 기업문화가 형성되어 있어서 가능했던 거지요."

*윤석금 웅진그룹 회장은 자수성가형 기업가*의 대표적 인물이다. 그는 대학을 졸업하고 브리태니커 백과사전 영업사원을 시작하면서 뛰어난 마케팅 능력을 발휘하기 시작했다. 1972년, 입사 2년째가 되었을 때 그는 브리태니커 본사가 전 세계 54개국 중 최고의 세일즈맨에게 수여하는 '벤튼 상'을 받는 기염을 토하면서 놀라운 세일즈 능력을 발휘했다. 그는 1980년 웅진출판을 시작으로 불과 20여년 만에 현재 17개 계열사, 연간 매출 5조 원 규모의 매머드 그룹으로 성장시킨 입지전적인 인물이 되다.

하지만 윤 회장의 기업이 승승장구만 한 것은 아니다. 그도 위기를 맞고 어려움도 겪었지만 위기를 기회 삼아 지속적인 성장을 할 수 있었다. IMF 경제위기가 다가오던 1997년 무렵 웅진식품은 매달 10억 원의 적자를 보고 있었고, 정수기를 취급하는 웅진코웨이도 제자리를 잡고 있지 못했다. 국내 정수기 사업은 80년대부터 시작되었지만 대당 100만 원이 넘는 고가의 제품이라 판매가 미미했다.

90년대부터는 환경오염에 대한 인식이 생기기 시작해서 생수를 사서 마시거나 정수기를 들여 놓는 가정과 업소가 늘어나 시장이 크게 확대되기 시작했다. 그런 와중에서 1997년 IMF사태가 벌어졌다. 정수기 판매는 150억~160억 원하던 월매출액이 반 토막이 나서 80억 원대로 급감했다. 그와 더불어 골프장, 정수기, 식품 등 대부분의 사업이 어려워지자 그룹 전체에 위기감이 팽배했다. 윤 회장은 심각한 고민에 빠지지 않을 수 없었다.

그는 장고 끝에 결단을 내렸다. 정수기의 렌털(임대) 사업방식을 도입하기로 결정한 것이다. 그러나 렌털 사업은 회사로서는 위험부담이 큰 사업이었다. 소비자들이 품질이 마음에 들지 않거나 이상이 있다고 느껴지면 '정수기를 가져가라'고 하면 그만이었다. 주위의 반대 의견도 많았지만 윤 회장은 소신을 가지고 밀어붙였다. 그의 도박은 적중했다.

정수기 렌털 사업은 외환위기 여파로 주머니 사정이 좋지 않은 소비자들의 구미를 당겼고, 월매출은 80억 원대에서 일약 월 800억 원대로 확대되었다. 이 사업이 그렇게 확대된 데에는 소비자에게 빌려준 정수기를 관리하는 '코디('Coway Lady'의 줄임말)'의 역할이 컸는데 그것도 윤 회장의 머리에서 나온 아이디어였다.

코디는 정수기 필터를 교체해 주는 일이 주 업무인데 '아줌마' 이미지가 강한 주부사원을 깔끔하고 세련된 용모의 서비스 요원으로 탈바꿈 시킨 것이 성공 포인트였다. 이영애, 김정은 같은 톱모델을 내세워 광고를 했고 친절한 코디가 각 가정을 방문해 정수기 필터를 교환해주고 문제를 해결해주는 서비스는 금세 소비자의 마음을 사로잡았다.

그 후 렌털 사업은 날개를 달아서 가입자가 2000년 12월 50만 명을 돌파한데 이어 2002년 5월 100만 명, 2004년 300만 명으로 불어나면서 연매출 1조 원대 규모로 성장했다. 웅진은 모든 기업이 판매만을 생각했을 때 렌털이라는 새 방식을 찾아내 시장을 장악한 것이다. 많은 경제 전문가들이 블루오션 전략의 대표적인 사례가 웅진코웨이의 렌털 사업이라고 꼽고 있다.

그때부터 윤 회장은 정수기 시장에 렌털 서비스를 도입해서 블루오션 시장을 개척한 경영혁신가로서 이름을 날리게 되었다. 웅진그룹의 전체 매출은 2012년까지 10조 원을 달성한다는 목표를 세워놓고 있는데, 윤 회장은 건설과 에너지 등 새롭게 진출한 신사업이 예상보다 빨리 본궤도에 오름에 따라 '정수기, 출판, 학습지 등 기존 사업이 매년 20% 이상 성장하고 코웨이를 중심으로 수출 물량이 늘어나면 충분히 가능한 수치'라고 내다보고 있다.

'69분기 연속 흑자'의 **신화**

허브 켈러허

★ **허브 켈러허(Herb Kelleher, 1931년~)**

사우스웨스트항공의 성공비결은 단순함을 통한 저비용의 창출에서 찾을 수 있다. 이 항공사는 수익성이 좋은 500마일 이내의 항로를 겨냥하고 출범했다. 우선 육상교통을 이용하는 승객을 유인할 수 있을 정도로 요금을 낮추었다. 우선 B737 기종 한 가지만을 보유해서 항공기 운항의 효율성을 극대화했다. 한 가지만을 보유한 탓에 조종사 훈련에서 정비에 이르기까지 비용을 대폭 줄일 수 있었다. 비행거리가 짧은 만큼 대부분의 노선에서 기내식을 제공하지 않고 노선에 따라서는 승무원도 탑승하지 않았다. 또한 지정좌석도 없이 선착순으로 앉고 싶은 좌석에 앉게 한다. 좌석 배정하느라 괜히 시간을 빼앗아 승객들에게 불편을 줄 필요가 없다는 논리다. 이렇게 비용을 최소화한 사우스웨스트항공은 비싼 항공료에 부담을 느끼는 비즈니스맨들 사이에 폭발적인 인기를 끌었다. 철저한 차별화로 기존의 틀을 깨, 승객들의 욕구를 맞추어 나가는 것이 바로 사우스웨스트항공의 생존전략이었던 것이다.

미국 사우스웨스트 항공사는 최근 '69분기 연속 흑자' 라는 경이적인 기록을 세웠다. 1971년 창업 이래 이렇다 할 파업 한 번 없이 30여 년간 흑자를 기록하고 있는 것이다. 그것은 1978년 이후 120개의 미국 항공사가 도산하고, 2002년 거대 항공사 유나이티드와 유에스 항공이 파산신청을 하고, 2005년 델타, 노스웨스트, 콘티넨탈 항공이 파산보호를 신청한 가운데 이룩한 실적이다. 사우스웨스트 항공의 이러한 성공은 공동 창업자이자 1978년부터 2001년까지 최고경영자를 맡은 허브 켈러허 전 회장의 탁월한 리더십에 힘입은 바 크다.

'저가 항공사의 신화' 로 불리는 사우스웨스트항공의 성공 비결은 단거리 노선의 저가 정책과 정시 운항, 친절한 서비스로 알려져 있다. 그러나 이에 못지않게 중요한 역할을 한 것이 독특한 조직 문화 덕분이다. 켈러허는 30여 년간 CEO로 있으면서 신뢰를 앞세운 '인간 경영' 을 펼치며 직원들의 마음을 사로잡았다.

그는 출근할 때 회사 정문에서부터 집무실에 들어가기까지 직원들과 많은 대화를 나누는 것으로 유명하다. 그는 또한 직장이란 즐거운 곳이어야 한다고 강조한다. 직원들 생일 등 모든 기념일에 축하파티를 열도록 하고 그 자신도 직원들과 어울려 자주 술을 마신다. 자연히 직원들 사이에 신바람 나게 일하는 분위기가 자연스럽게 형성된다.

사우스웨스트항공의 광고 카피는 줄곧 '사랑으로 건립된 항공사' 였으며, 이 슬로건은 단순한 카피를 넘어서서 직원들의 마음속에 깊이 각인되었다.

2001년 9·11 테러 이후에 사우스웨스트의 진가는 더욱 빛났다. 9·11사태 직후 모든 항공기가 근처 공항에 비상 착륙할 수밖에 없는 상황에 처했을 때, 승객 중 많은 사람이 호텔에 투숙할 만큼의 돈이 없었다. 이때 사우스웨스트의 승무원들은 이들을 위해 직접 호텔방을 잡아주고, 자신의 신용카드를 이용해서 승객의 객실 비용을 대신 치러 주기도 했다.

심지어는 고객이 집으로 돌아갈 수 있도록 열차 티켓을 사주기도 했다. 그래서인지 9·11 사태 이후, 사우스웨스트항공은 고객 만족도에서 최고의 점수를 얻었고, 주가는 가파르게 치솟았다. 경쟁사들이 운항 편수를 줄이고 감원을 했지만, 사우스웨스트는 최악의 상황에서도 단 한 명의 직원도 해고하지 않고 연속 흑자 경영을 이뤄냈다.

켈러허는 "비행기는 가능한 한 하늘에 있어야 한다."는 경영철학을 펼치며 경쟁사 절반의 인력만으로도 모든 업무를 소화할 것을 강조했다. 사우스웨스트는 이착륙 사이의 시간을 최소화하기 위해 조종사까지 비행기 청소에 달려들어 경쟁사가 40분에 처리할 일을 15분이면 해결했다. 조종사와 승무원 사이에 장벽이 없고 서로의 업무를 도와주는 가족주의 문화가 있기 때문이다.

사우스웨스트항공은 비행기당 평균 매달 70시간을 비행하는 반면 다른 회사는 55시간밖에 비행하지 못한다. 그래서 켈러허는 정비공, 사무실 직원 누구나 자사의 비전, 가치, 철학을 허브 켈러허 자신보다 유창하게 설명할 수 있다고 공언하며 이렇게 말했다.

"아마 다른 회사와 우리 회사의 자본은 똑같을 것입니다. 또 다른 회사의 서비스 질도 우리 회사와 같을 것입니다. 하지만 다른 회사들이 우리 회사를 따라잡지 못하는 것이 하나 있습니다. 그것은 바로 우리 직원들이 고객을 대하는 마인드와 태도입니다."

1998년 미국 경제 전문지인 포춘은 이 회사를 '일하기 좋은 미국의 100대 기업' 중 1위로 선정했다.

M&A의 살아있는
교과서

박용만

★ **박용만(1955년~)**

2008년 5월 7일 오후 서울대에서 열린 두산그룹 채용 설명회.
마이크를 잡고 회사 설명에 나선 이가 자신을 소개하자 자리를 가득 메우고 통로에
까지 선 300여 명의 학생이 술렁거렸다. 박용만 두산인프라코어 회장이었다. 대기
업 오너가 채용설명회 일선에 나선 건 이례적인 일이었다. 그는 이날 두 시간 동안
특유의 달변으로 두산의 글로벌 전략을 소개하고 유머 넘치는 질의·응답까지 선보
여 학생들의 박수가 자주 나왔다. 그는 다음과 같은 말로 학생들을 불러 모았다.
"두산은 혁신적인 방식으로 변화하여 빠르게 성장해 왔으며 진정한 글로벌 기업이
되고자 끊임없이 노력해 왔습니다. 우리 꿈을 실현하는 최대의 자산은 인재라는 게
우리의 생각입니다. 여러분에게 회사를 제대로 알리고 싶어 이 자리에 섰습니다. 끊
임없이 도전하여 성과를 내는 사람, 원칙을 지켜 함께 발전하는 사람, 유연한 사고로
혁신을 주도하는 사람, 글로벌 역량으로 도약을 이끄는 사람과 함께 두산을 이끌어
가고 싶습니다. 끊임없이 도전하는 사람, 원칙을 지키는 사람, 유연한 사고로 혁신을
주도하는 사람, 글로벌 역량으로 도약을 이끄는 사람은 우리와 함께 갑시다."

100년 넘게 국내 소비재산업을 대표해 온 두산은 주력사업이던 맥주시장에서 1991년부터 하이트맥주의 추격에 휘청거렸다. 1995년 11월, 당시 창업 100주년을 앞두고 있던 두산은 이러다가는 100년은커녕 10년도 못 버틴다고 판단하고 구조조정의 결단을 내렸다. 두산그룹은 과거 OB그룹이라고 불렀을 정도로 OB맥주가 주력 기업이었지만, 과감하게 OB맥주를 비롯해서 코카콜라, 씨그램, 코닥, 네슬레, 3M 등 이름만 들으면 알만한 알짜배기 기업들을 처분함으로써 '구조조정 1호 기업'으로 이름을 올리게 된다.

인생만사 새옹지마라고 했던가. 위기가 일찍 닥쳤던 것이 오히려 행운이었다. 두산이 구조조정을 마치고 새로운 출발을 다짐하고 있을 때 한국 경제는 IMF라는 직격탄을 맞았다. 30대 재벌그룹 가운데 대우·기아·한보 등 10개 그룹은 아예 공중분해 되었으나 이미 구조조정을 마치고 있던 두산에게는 그 위기가 새로운 기회였다. 두산은 회심의 미소를 지으며 2000년대의 대반격을 준비하기 시작했다. 두산은 소비재와 서비스 중심의 사업에서 중공업으로 사업 방향을 선회하기로 결정하고 기업사냥에 나섰다.

이때부터 두산인프라코어의 박용만 회장은 두산그룹의 최대 전략가로 등장했다. 3세 경영인인 그는 2001년 한국중공업(현 두산중공업) 인수를 시작으로 고려산업개발(현 두산건설), 대우종합기계(현 두산인프라코어), 미국 밥캣에 이르기까지 굵직굵직한 M&A를 성공시키며 두산의 주력사업부문을 소비재에서 중후장대한 산업으로 바꿔 놓음으로써 그는 '전문경영인 같은 오너경영인, M&A 야전 사령관, M&A의 살아 있는 교과서' 라는 평을 듣고 있다.

특히 박 회장은 2007년 세계적인 중장비 업체인 밥캣 등 잉거솔랜드의 3개 사업을 성공적으로 인수함으로써 재계의 주목을 받았다. 우선 인수 금액이 49억 달러(약 5조 원)로 국내 기업의 최대 해외 M&A라는 점에 세간의 시선이 쏠렸다.

두산인프라코어가 인수한 밥캣은 세계 1위의 컴팩트 건설 중장비 사업체로서 자동차 브랜드로 치면 벤츠와 같은 세계적인 브랜드를 가진 회사이다. 밥캣은 건설 중장비(Compact Equipment), 어태치먼트(Attachment), 유틸리티(Utility) 등 3개 사업 부문으로 나누어져 있는데 미국, 유럽 등지에 2천 700여 개의 딜러 망과 6개국에 16개 생산 공장을 갖추고 있으며, 미국과 유럽에서의 시장점유율이 각각 38%, 43%로써 2006년 매출 26억 달러에 영업이익 3억 7천만 달러를 올렸다. 이로써 두산인프라코어는 기존 중대형 건설 중장비 사업 이외에 부족했던 컴팩트 건설 중장비 사업을 보완하면서 완벽한 제품 포트폴리오를 구성할 수 있게 되어 세계 최고 수준의 첨단 기술과 브랜드를 확보하게 되었다.

두산그룹은 이처럼 M&A를 통해 그룹 체질을 바꾸고, 급성장하는 데 성공함으로써 '구조조정 원년'인 1996년에 그룹 총매출 3조 9,000억 원, 영업이익 3,000억 원에서, 2007년에는 총매출 18조 6,000억 원, 영업이익 1조 6,000억 원으로 11년 만에 각각 4배와 5배로 성장했다. 박 회장은 밥캣을 인수 한 후, 밥캣의 모든 사업장을 돌며 직원들과 만남의 장을 열었다. 그 자리에서 그는 2012년까지 세계 5위의 건설 중장비회사를 만들겠다는 비전과 전략을 밝혔다. 또 그는 2015년 그룹 전체 매출의 90%를 해외사업장에서 거두겠다는 목표와 매출액 100조 원을 달성하겠다는 전략을 밝히기도 했다.

살아 있는
지식의 **전도사**

퍼시 스펜서

⭐ **퍼시 스펜서(Percy Spencer, 1894~1970년)**

2006년, 퓨 리서치센터(Pew Research Center)는 흥미로운 여론조사를 했다. 미국인들에게 '없어서는 안 될' 발명품을 골라보라고 한 것이다. 이때 전자레인지는 자동차·세탁기·건조기·냉방기 다음으로 5위를 차지했다. 전자레인지를 빼놓을 수 없는 필수품으로 고른 사람은 68%로, 텔레비전(64%)이나 컴퓨터(51%)보다도 높았다. 통계에 의하면 오늘날 미국에서는 10가구 중 9가구(95%) 이상이 갖추고 있을 만큼 전자레인지는 생활필수품이 되어 있다. 컴퓨터 없이 살아도 전자레인지 없인 못 산다는 것이다. 전자레인지의 영향은 단순히 요리를 빠르고 간편하게 만들어 준 정도에 머물지 않는다. 여성들이 요리에 매달려 있어야 할 시간이 줄어든 탓에 전자레인지는 결과적으로 여성들의 사회진출에도 큰 역할을 했다. 이제 전자레인지는 미국뿐만 아니라 전 세계인의 식생활 자체를 전자레인지를 중심으로 재편해놓고 있다. 우리는 동네의 어느 슈퍼에 가더라도 대형 냉동식품 코너를 볼 수 있다. 2007년에는 '자동차용 전자레인지'도 등장했다.

퍼시 스펜서는 초등학교도 졸업하지 못했지만 세계에서 가장 성공한 전기 엔지니어가 되었다. 그의 동료 중에는 박사학위를 받은 과학자들이 많았지만 그들은 많은 교육을 받은 탓에 무엇이 가능하고 무엇이 불가능한지에 대해 미리 예단해버리는 경향이 있었다.

퍼서는 정규교육을 받지 못한 탓에 무엇이 불가능한지 알지 못했다. 그것이 오히려 그를 뛰어난 독창성과 사물에 대한 심오한 지식을 갖도록 만들었다. 그는 실험을 통해 얻어진 살아 있는 지식만을 터득했던 것이다. 그의 최대의 발명품이라고 할 전자레인지(MWO : Micro Wave Oven)의 발명도 그런 과정을 통해서 이루어졌다.

1946년 어느 날, 레이디온(Raytheon)에 근무하던 퍼시는 평소대로 레이더장비인 마그네트론(Magnetron) 근처에서 일하고 있었다. 그는 그날 주머니에 있던 캔디 바가 녹아서 바지가 엉망이 된 것을 보고 순간적으로 생각했다.

'전자파에서 생성된 에너지로 음식을 조리할 수 있지 않을까?'

그는 혹시나 하는 마음으로 옥수수 알갱이를 마그네트론 가까이 대어 보았다. 옥수수가 하나씩 부풀어 터지기 시작했고, 몇 분되지 않아 팝콘이 터지면서 눈처럼 갈라져 실험실 바닥에 쌓이는 것이었다. 그는 이 실험을 통해 마이크로파가 음식을 빠르게 익힐 수 있다는 가능성을 발견하고 특허를 냈다. 오늘날 생활필수품으로 자리 잡은 전자레인지는 이렇게 세상에 등장했다.

퍼시는 생후 18개월 만에 아버지가 사망하고, 어머니마저 그를 버리고 어디론가 떠나는 바람에 친척 아저씨에 의해서 키워졌다. 아저씨와 아주머니는 퍼시를 친자식처럼 잘 보살폈다. 그러나 그가 겨우 7살 때 아저씨마저 급작스럽게 사망하자 아주머니와 함께 편물기를 돌리며 생계를 이어나갔다. 그는 초등학교 5학년 때 학교를 그만두었다. 몸이 약한 아주머니 혼자 생계를 꾸려나가도록 내버려둘 수 없었기 때문이었다. 그는 방직공장에 취직해서 새벽부터 저녁까지 일했고 남들이 자는 밤에는 홀로 책을 보며 공부를 했다.

1912년 그는 우연히 읽게 된 잡지에서 타이타닉 호가 침몰할 때 그 사실을 무전으로 타전해서 상당수의 인원을 구할 수 있었다는 무전사들에 관한 기사를 읽었다. 기사는 무전사들의 영웅담에 초점을 맞춘 것이었는데 퍼시는 무전사가 아닌 무전 그 자체에 주목했다.

'전파가 선을 타지 않고 어떻게 허공을 날아서 먼 곳까지 전달되는 것일까?'

그날부터 그는 전파에 관한 책을 구해서 읽으며 본격적인 공부에 몰입했다. 혼자서 무전에 대해 공부하던 그는 해군에 들어가면 그곳에서 무전기술을 가르쳐준다는 사실을 알게 되었다. 해군에 입대한 그는 무전학교에서 공부할 수 있는 행운을 안았다.

제대한 후에 그는 무선장비회사에 입사했다. 그 회사의 일을 하면서 그는 MIT의 교수 바네바르 부시와 절친한 사이가 되었다. 바네바르는 전기의 실용화 방안을 연구 중이었고, 퍼시는 그에게 많은 아이디어를 제공해 주었다. 1925년 레이시온의 경영진은 퍼시에게 함께 일하자는 제의를 해왔다. 레이시온은 '레이더 시스템'을 개발한 퍼시의 활약에 힘입어 국방 및 우주공학 쪽의 연구로 전환했다.

그는 평생 225개의 특허를 획득했는데 그것은 어린아이와 같은 순진한 마음으로 사물을 바라보는 자세를 잃지 않았기에 가능한 것들이었다. 그는 어린아이처럼 호기심이 많아 누가 이상한 신발만 신고와도 그걸 관찰하곤 했다. 세계적인 기술연구 기업으로 성장한 레이시온의 후학들은 그를 '살아 있는 지식의 전도사'라고 부른다.

먼저 **제대로** 된 **제품**을 만들어라

하워드 헤드

★ **하워드 헤드(Howad Head, 1914~1991년)**

1960년대에 들어서 스키는 스포츠가 지닌 전통성에서 벗어나 보다 고도의 기술과 유행을 추구하는 휘황찬란한 시대로 돌입했다. 그 중심에는 언제나 하워드 헤드가 있었다. 그의 뒤를 이어서 에드 스코트, 그리고 미치 커벌리같은 이들이 나타나서 선구적이면서도 새로운 스키의 전통을 수립해나갔다. 스코트는 가장 유명한 고글과 스틸 및 알루미늄 폴 메이커인 '스코트'를 세웠고 커벌리는 '커벌리 안전 바인딩'을 발명함으로써 스키어들의 영웅이 되었다. 헤드는 노년에 들어서서 테니스에 심취되었으나 실력이 늘지 않자 고민을 하다가 그 원인을 연구하여 테니스 라켓의 혁명을 이룩하기도 했다. 그가 70년대 후반에 만든 것이 바로 오버사이즈드(oversized) 개념의 프린스(Prince) 라켓이다. 라켓에서 테니스공을 치는 부분을 스위트 스팟(sweet spot)이라고 하는데 그는 공이 효율적으로 맞는 부분인 '라켓 림(rim)의 크기를 늘리면 스위트 스팟은 당연히 따라서 늘어나지 않겠는가?' 생각했고, 이 간단한 생각으로 머리 부분만 키운 오버사이즈드 라켓을 발명함으로써 라켓 제작의 혁명을 일으켰다.

하워드 헤드는 세계 스포츠용품 명장으로 알려져 있다. 그는 1988년 하버드 대학 경영대학원 강의에서 학생들에게 말했다.

"먼저 제대로 된 제품을 만들어라. 그러면 저절로 팔릴 것이다. 마케팅은 불결한 말이라고 생각한다. 나는 한 번도 그 말을 좋아한 적이 없다."

그야말로 자신이 만든 제품의 품질에 대한 자신감과 자부심에 넘친 말이 아닐 수 없다. 1950년대 초반, 헤드는 유선형의 금속제 스키를 최초로 기획하고 대량 생산해서 세계 스키 시장을 제패한 장본인이다. 그가 만든 스키는 타는 사람의 편의를 최대한으로 배려해서 많은 스키어들의 사랑을 받으면서 스키 시장을 제패했다.

그가 스키를 만들기 시작한 것은 자신의 필요성 때문에 비롯되었다. 헤드가 스키를 타기 시작한 것은 제2차 세계대전 이후였다. 아무리 노력해도 스키를 배우기가 힘들었던 헤드는 왜 그런지 이유를 살펴보았다. 알고 보니 스키가 나무로 만들어진 까닭에 방향을 조절하기가 너무 어려웠다. 헤드는 만일 스키를 만들기에 제일 좋은 재료가 나무라면 비행기도 나무로 만들어야 할 것이라고 투덜거렸다. 그는 자신이 직접 스키를 만들기로 작정했다.

그가 맨 처음 제작한 스키 재료는 알루미늄과 플라스틱과 합판이었다. 그는 버몬트의 스토 스키 학교를 찾아가서 강사들에게 자신이 만든 여섯 켤레의 스키를 보여 주었다. 그러나 여섯 켤레 모두 구부리기만 해도 부서져 버렸다. 헤드는 다시 실험실로 돌아와 실험을 재개했다. 그는 마침내 무게는 나무보다 가볍지만 강도는 나무보다 단단한 스키를 만들었다. 그러나 이것을 타 본 스키 강사들은 바닥면에 눈이 뭉친다고 불평했다. 헤드는 포기하지 않았다.

그는 자신의 성공을 확신했기 때문에 스키 제작진을 설득해서 성공할 때까지 무보수로 일하도록 요구했다. 그리고 이들은 혁신을 계속했다. 새로운 재료, 새로운 제조방법, 새로운 디자인 실험을 거듭했다. 미끄러짐을 방지하기 위해 플라스틱을 한 겹 덧붙였으며, 강도를 높이기 위해 안에는 합판을 넣었다.

1955년 헤드는 마침내 합성고무인 네오프렌으로 만든 스키로 특허를 냈다. 그리고 이음새 없는 L자형 경기용 스키날을 도입하여 재료의 중량감을 더했다. 이 스키는 유연하면서도 휘어지지 않았기 때문에 스키어들이 마음대로 회전할 수 있었다. 그 후 헤드가 제작한 '금속·플라스틱 샌드위치(metal-plastic sandwith)'는 스키의 혁명을 일으켰다. 많은 사람들이 이 스키를 좋아하도록 만들려면 소비자의 의견을 반영해서 계속 개량해야 했다. 헤드는 고객의 말을 경청했다.

1950~1957년간 헤드 스키의 매출은 300켤레에서 2만 7천 켤레로 증가했다. 스키의 역사에 있어서 헤드 스키를 빼고는 미국의 스키를 논할 수 없다. 헤드는 아이디어가 떠오르면 아무 때나 제작진에게 전화해서 새로 떠오른 아이디어를 당장 시험해 보라고 요청하고는 몇 시간 후에 다시 확인전화를 하는 버릇이 있었다.

헤드가 하버드 경영대학원에서 행한 강의에서 또 이런 말을 했다.

"가만히 앉아서 생각하지 마라. 뭔가 해라. 재료를 자르고 새로운 방법을 시도해라. 제대로 될 때까지 계속 고쳐라. 해결책을 찾아내라. 창조력의 원천은 발명하려는 노력이 아니라 바로 불만을 극복하려는 의지에서 시작된다."

헤드는 사소한 문제까지도 물고 늘어지는 성격, 그리고 개선할 수 있는 것이 눈에 띄면 그냥 앉아 있지 못하는 성격으로 창조적인 결과를 낳았다.

여성 리더십

신화를 넘어 문화가 된 여자! **오프라 윈프리**
패션계의 피카소 **마들렌 비오네**
내 야망은 여성에게 옷을 입히는 것이다 **가브리엘 샤넬**
'영국병'을 뜯어고친 철의 여인 **마가렛 대처**
제록스가 죽어야 제록스가 산다 **앤 멀케이**
흑인의 혼을 달랜 영혼의 목소리 **마리안 앤더슨**
나무 위의 여자 **줄리아 버터플라이 힐**

신화를 넘어 문화가 된 여자!

오프라 윈프리

★ **오프라 윈프리(Oprah Gail Winfrey, 1954년~)**

오프라 윈프리 십계명

1. 남들의 호감을 얻으려 애쓰지 말라.
2. 앞으로 나아가기 위해 외적인 것에 의존하지 말라.
3. 일과 삶이 최대한 조화를 이루도록 노력하라.
4. 주변에 험담하는 사람들을 멀리하라.
5. 다른 사람들에게 친절하라.
6. 중독된 것들을 끊어라.
7. 당신에 버금가는 혹은 당신보다 나은 사람들로 주위를 채워라.
8. 돈 때문에 하는 일이 아니라면 돈 생각은 아예 잊어라.
9. 당신의 권한을 다른 사람에게 넘겨주지 말라.
10. 포기하지 말라.

2004년 유엔이 주는 '올해의 세계지도자상' 수상, 2005년 미국 인권박물관이 수여한 '올해의 자유상' 수상. 2006년 포브스(Forbes)지 선정 '올해의 유명인사 100인' 중 1위와 세계 부호 순위 242위에 오른 대부회! 과연 이 사람은 누구일까?

그 사람은 바로 흑인 사생아로 태어나, 9살 때 삼촌에게 처음 성폭행을 당하고, 14살의 나이에 아이를 낳고, 마약에 빠지는 등 불우한 어린 시절을 보냈으나 그 모든 불행을 굳은 의지로 극복하고 토크쇼의 여왕이 된 오프라 윈프리다.

그녀는 현재 미국 내 시청자만 2,200만 명에 세계 105개국에서 방영되는 토크쇼를 10여 년간 진행해오면서 '오프라 현상(Oprahism)'이라는 말까지 만들어졌을 정도로 엄청난 영향력을 지닌 세계에서 가장 영향력 있는 명사가 되었다. 하지만 그녀가 처음부터 그런 위치에 오르리라고 예상한 사람은 아무도 없었다. 그녀는 최초의 흑인 앵커이자, '보그'지의 패션모델이 되었지만 안 좋은 조건은 모조리 갖추고 있었다. 흑인에다 사생아에다 가난한 미혼모였고 게다가 뚱뚱하기까지 했다. 그러나 그녀는 사람들을 향해서 이렇게 되물었다.

"그래서? 그게 뭐 어쨌다고?"

오프라 윈프리는 10대 시절에 라디오 방송국에서 일을 시작했고, 대학 졸업을 미루고 처음으로 TV뉴스를 맡았다. 그녀의 토크쇼는 시카고에서 히트를 쳤지만 저속한 내용을 다루었다며 비난을 받기도 했다. 대리모를 사칭한 여인을 출연시켰는가 하면 불륜을

저지른 남성을 출연시켰다가 시청자들의 비난을 받자 자살한 적도 있었다. 광우병 문제를 다뤘을 때에는 텍사스 목장주들과의 소송 사건으로 법정에 서기도 했다. 이러한 어려운 상황 속에서 토크쇼를 진행하면서, 그녀는 특유의 따뜻함과 통찰력, 삶의 지혜로서 시청자들을 감동시켰고 그녀의 인기는 날로 상승했다.

그러나 그녀는 자꾸만 불어나는 체중 때문에 방송국에서 쫓겨났다. 그녀는 자신과의 전쟁을 결심하고 평소 좋아하는 시리얼, 밥, 파스타, 빵을 끊고 탄수화물 식품을 멀리했다. 또 하루 8km이상을 뛰면서 조깅을 했다. 그녀는 107kg이던 몸무게를 2년 만에 68kg으로 줄이는 데 성공함으로써 '다이어트 여왕'으로 등극했다.

눈물겨운 다이어트로 방송에 복귀하면서 그녀는 자신의 어두운 과거를 가감 없이 진솔하게 폭로했다. 오프라 쇼의 인기비결은 한마디로 그녀의 아픈 과거와 이에 대한 그녀의 솔직한 고백에서 시작되었다. 그 후 그녀의 토크쇼는 미국뿐만 아니라 국경을 뛰어넘어 전 세계를 향해 퍼져나갔다.

세계인들은 자국 언어로 더빙되거나 자막 처리된 '오프라 윈프리 쇼'를 시청하고 있으며, 오프라는 최고의 인기를 누리고 있다. 이제 오프라는 대중문화에서 가장 중요한 인물 중 한 사람이 되었다. 그녀의 영향력은 텔레비전을 벗어나 출판, 음악, 영화, 자선사업, 교육, 건강 등 사회 전반의 영역에 미치고 있다.

그녀는 영화 '컬러 퍼플'에 출연하여 골든 글러브 상을 수상하였고 미국 아카데미 시상식 여우조연상을 수상했으며 영화제작 스튜디오를 소유한 여성들의 반열에 올라섰다. 그녀는 현재 잡지 'O 매거진', 케이블TV, 영화사, 인터넷 회사까지 거느린 하포(Harpo) 그룹의 회장이다. 가난한 흑인 여성에서 오늘날 최고로 존경받는 여성이 되기까지 그녀는 어떤 어려움 속에서도 용기와 신념을 잃지 않았고 그 어려움들을 극복해왔다.

패션계의 피카소

마들렌 비오네

★ **마들렌 비오네(Madeleine Vionnet, 1876~1975년)**

마들렌 비오네는 19세기 말부터 전개된 '안티 코르셋'의 대표적 디자이너다. 또한 그녀는 1920년대 후반에 유럽에서 유행한 '가르손느 스타일'의 대표적인 디자이너 이기도하다. 가르손느 스타일이란 소년 같은 분위기에서 여성다움을 추구하는 패션을 말한다. 프랑스의 작가 빅토르 마르그리트(Victor Marguertte)가 1922년에 발표한 장편소설 '라 가르손느(La Garconne)'라는 소설에서 유래한 이 유행 사조는 제1차 세계대전 후 여성들의 사회진출이 활발해지면서 일어난 것으로 경제활동을 하면서 남성과 마찬가지로 사회에서 자유로운 생활을 하는 젊은 여성들을 가리키는 말이었다. 여성들은 남녀평등, 참정권 요구 등 본격적으로 여성해방운동을 펼쳤고, 이러한 분위기 속에서 여성의 사회 진출이 활발해졌다. 가르손느 스타일은 댄스, 여행, 스포츠를 즐기고 개성적인 생활을 하는 1920년대 후반 여성의 라이프 스타일에도 많은 영향을 주었다. 그런 와중에서도 마들렌 비오네는 고대 그리스 시대의 여성복인 페플로스를 변용하거나 옷감을 주름 잡아 유연하게 늘어뜨린 스타일의 옷으로 여성을 한층 고귀하게 만들었다.

마들렌 비오네는 종종 가브리엘 샤넬과 비교되는 '파리모드의 우수한 건축가, 가장 위대한 의상 제작자'로 평가받는 디자이너이다. 열두 살에 유명한 드레스 메이커인 뱅상(Vincent)의 부티크에서 견습을 시작한 비오네는 1917년에서 1939년에 이르기까지 혁신적인 패션을 내놓으며 디자인의 새로운 장르를 개척했다. 샤넬이 대중적인 디자인에 가까웠다면 비오네는 주류에 영합하지 않는 혁명가였다.

그녀는 다른 디자이너들처럼 새로운 유행을 만들어 내거나 화려한 조명을 받으려하지 않고 묵묵히 아름다운 의상의 제작에만 전념했다. 비오네는 인공적으로 인체를 구속하던 구시대의 개념을 탈피하고 합리적이고 이상적인 동시에 과거의 우아함을 손상시키지 않는 의상을 현대 복식사에 제시했다.

뛰어난 조형감각과 옷감에 대한 깊은 이해력을 지닌 그녀는 여성의 옷에서 코르셋은 물론 모든 인공물을 제거했다. 그녀의 코르셋이 없는 옷은 초기엔 속옷 같다는 이유로 외면당하기도 했으나 여성들은 그녀의 옷이 지닌 우아함의 매력에 곧 빠져들고 말았다. 그녀는 의상디자인 과정에서 스케치를 하지 않고 인체의 4분의1 크기의 마네킹 위에 옷감을 두르고 직접 드레이핑하면서 바이어스(bias)재단이란 새로운 기법을 창안해서 현대 복식에 일대 혁신을 가져온다.

날실과 씨실이 이루는 역학을 탐구하던 그녀는 사선(斜線)으로 작용하는 힘에 특이한 탄력성과 유연성이 있다는 것을 발견해 낸 것이다. 이 독창적인 기법의 개발로 인해 옷감은 더욱 섬세하고 치밀하게 여성인체에 입혀지게 되었다.

바이어스 기법으로 재단된 삼각형이나 마름모꼴의 조각들로 교묘하게 구성한 비오네의 드레스는 몸에 부드럽게 밀착되어 인체 위에서 직물이 만들어주는 자연스런 조형미를 만들어냈다. 몸을 둘러싸는 직물이 절개되지 않고 매끄러운 연결로 여성인체에 입혀지는 아름다움은 역사상 처음 있는 시도였다.

그녀는 바이어스로 재단된 스커트 가장자리에 올을 풀어 장식한 후, 넓은 스커트의 폭을 주름잡아 벨트로 고정시켰으며, 이로 인해 삼각기둥과 같은 입체도형의 효과가 나타내서 단순함 속에서도 우아한 여성미를 표현해 낸 것이다.

비오네는 고대 그리스 의상에서 많은 영감을 받았는데, 그녀의 옷은 등에서 시작하여 어깨를 거쳐 가슴선을 드러내고 허리에서 서로 가로질러 흘러내리면서 현대 여성의 진정한 아름다움을 표현해 냈다. 그녀의 옷은 여성들의 육체를 자유롭게 만듦과 동시에 "그리스 여신의 미학, 신체와 움직임의 미학을 고스란히 옮겨왔다."는 평가를 받았다.

그녀의 창작 이념은 옷감과 인체라는 두 대상을 하나로 만들어 새로운 조형성을 창조하는 것이었다. 비오네의 드레스는 인체 형태의 본질에 대한 정확한 이해와 실험을 바탕으로 만들어졌다. 바이어스 입체재단 기법으로 재단된 천 조각들은 부분, 부분이 자연스럽게 연결되어 이 운동감 있는 자유로운 시각의 입체재단 효과로

해서 그녀는 '드레스의 건축가'로도 불렸다. 그녀는 코르셋이나 어깨심과 같은 인공구조물을 거부하고 오직 천 자체로써 형성되는 입체적인 디자인을 개발함으로써 '패션계의 피카소'라고도 평가받고 있다. 피카소가 이차원의 평면에 삼차원의 공간을 재구성 했다면 비오네는 바이어스 재단법이라는 혁신적인 방법으로 입체적 패턴의 형태를 재구성했던 것이다.

사각형의 직물을 둥글고 모나게 재단하여 인체의 형태에 맞추는 작업은 바로 눈에 보이는 사물들을 기하학적 구조로 분석하고 재조직함으로써 본질적인 모습들을 제시하고자 한 피카소의 입체파적 특성과 다르지 않은 것이었다.

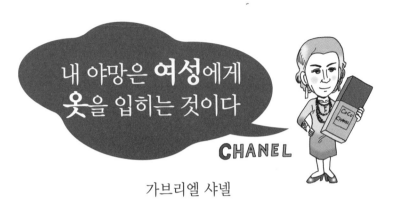

내 야망은 **여성**에게 **옷**을 입히는 것이다

CHANEL

가브리엘 샤넬

★ **가브리엘 샤넬(Gabrielle Chanel, 1883 ~ 1971년)**

"내가 곧 스타일이다!"

이 말은 가브리엘 샤넬의 자부심을 한 마디로 표현한 말이다. 그녀의 독특한 의상은 평범한 소녀였던 로미 슈나이더를 매혹적인 영화배우로, 그레이스 켈리를 은막의 여왕으로 나아가서 모나코의 왕비로 만들었다. 그녀는 거창한 이론이 아닌 단순한 의상으로 여성을 해방시켰다. 그녀는 의류, 향수, 액세서리, 선글라스, 핸드백 등의 모든 패션 브랜드에서 성공했으나 제2차 세계대전 때 사업에 큰 타격을 입었다. 그녀가 이후 15년 동안 회사 문을 닫은 탓에 샤넬의 시대는 끝났다고 사람들은 생각했다. 하지만 샤넬은 1954년, 71세의 나이에 다시 파리에 의상실을 열었다. 그녀가 만든 여성용 재킷, 투피스 디자인이 인기를 끌자 회사는 다시 일어섰다. 1955년에는 C자가 서로 교차한 모양의 샤넬 로고를 넣은 핸드백이 만들어져 오늘날까지 많은 사랑을 받는 아이템이 되었다. 1921년 그녀가 만든 향수 '샤넬 No.5'는 지금도 30초에 1병씩 팔릴 만큼 패션의 전설이 되었다.

*가브리엘 샤넬*은 20세기를 대표하는 디자이너 중 한 사람이다. 그녀에 대해서 잘 모르는 사람이라도 오트쿠튀르(haute couture)라는 이름을 붙인 향수 '샤넬 5번'에 대해서는 한 번쯤 들어 보았을 것이다.

그녀의 애칭은 '코코 샤넬'이라고 하는데 그녀는 이 이름 하나만으로도 프랑스 패션을 대변하고 있다. 그녀는 세계의 유행을 창조하고 변화시킨 패션의 마술사였다. 샤넬은 화려한 명성과는 달리 매우 가난하고 불행한 어린 시절을 보냈다. 어려서 어머니가 죽고, 아버지가 미국으로 떠나버리는 바람에 그녀는 고아원에서 자라야 했다. 학교 문턱에도 가보지 못하고 자라난 샤넬이 처음 일한 곳은 모자 가게였다. 샤넬은 독특한 모자를 디자인하면서 파리의 멋쟁이들 눈을 한 순간에 사로잡았다.

모자 디자이너로 성공적인 출발을 한 샤넬은 답답하고 장식이 많은 여성복을 기능적이고 심플한 스타일로 만들기로 결심했다. 당시 유럽 여성들은 숨을 쉬기도 어려울 만큼 허리를 죄는 코르셋에, 갖가지 과일과 꽃으로 장식된 무거운 모자를 쓰고, 긴 치맛자락으로 거리의 먼지는 다 휩쓸며 걸어야 했다.

단 한 번도 상류 사회의 사교 모임에 나간 적이 없는 샤넬은 제1차 세계대전 후의 사회변화를 반영하여 대중적인 옷을 만들어 내기 시작했다. 그녀는 속옷에만 사용되던 저지를 이용하여 훌륭한 여성 드레스를 만들어 냄으로서 여성복의 새로운 개념을 창출해 냈다. 또한 그녀는 긴 치마를 잘라 무릎까지 올렸고, 긴 차양이 달린

모자는 단순하게 고쳤다. 스커트의 길이를 짧게 하여 그때까지 긴 스커트 밑에 숨겨졌던 여자의 다리를 해방시켰다. 샤넬은 20세기 초반의 여성들에게 새로운 자유를 부여한 것이다. 그녀는 "왜 옷을 만드냐?"는 질문에 "내가 입기위해서"라고 말할 정도로 실생활에 필요한 옷을 만든 것이다. 그녀는 이렇게 말했다.

"내 야망은 여성에게 옷을 입히는 것이다. 옷을 입고 걷지도 못하고 달리지도 못한다면 무슨 소용이 있겠나."

단순함, 편안함, 명료함! 이것이 그녀의 패션 철학이었다. '활동하는 여성을 위한 옷'이라고 하는 그녀의 일관된 패션철학은 이때부터 시작되었다. 샤넬의 실질적이고 대중적인 패션은 선풍적인 인기를 끌었고 여성 해방을 위한 일종의 상징으로 받아들여졌다. 실용성과 편리성을 중요시 하는 샤넬만의 단순하면서도 깔끔한 드레스와 승마재킷, 스웨터, 바지는 명품의 대중화 시대를 열었다.

액세서리와 보석을 디자인하기도 했던 그녀는 1921년 세계최초의 디자이너 향수 '샤넬 NO.5'를 발표하고 전례 없는 성공을 거둔다. 이 향수는 마릴린 먼로가 '이 향수가 자신이 침대에서 입는 꼭 한 가지'라고 말함으로서 세계적인 히트 상품이 되었다.

샤넬은 세계의 유행을 창조하고 변화시킨 패션의 마술사로서 세계 여성들의 아낌없는 사랑을 받았고 최고의 부자가 되었다. 그녀는 세상에 이름이 알려진 남자들과 다채로운 교제를 하면서 염문을 뿌렸다. 피카소, 장 콕토, 헤밍웨이, 스트라빈스키, 살바도르 달리 등등……. 유명한 시인들, 화가들, 작가들이 그녀에게 영향을 주었고, 또 그녀로부터 무엇인가를 배우면서 그녀를 거쳐 갔다. 샤넬은 패션사에 있어서 디자이너 이상의 위치를 갖고 있다.

그녀는 '패션계의 혁명가'라고 불릴 만큼 개척정신과 창조력으로 한 시대를 이끈 리더로서 '20세기의 새로운 여성상'을 창조했다는 찬사를 받고 있다.

'영국병'을 뜯어고친 철의 여인

마가렛 대처

마가렛 대처는 학창시절 부모의 심부름으로 주말마다 시립도서관에서 책을 빌려 왔는데 아버지 알프레드는 주로 생물학, 역사 또는 복지에 관한 책들을, 어머니 베아트리스는 소설들을 주로 읽었다. 대처는 아버지가 읽는 책을 자기도 탐독했다. 그녀는 책을 통해서 자신도 모르는 사이에 아버지의 영향을 받았고, 도서관에서 빌려온 역사책의 논지를 화제로 삼아 아버지와 진지한 대화를 나눌 수 있었다. 그러한 습관은 훗날 독서의 범위를 넘어서 정치나 노동조합 운동에까지 정확하고 자유로운 의사를 표현할 수 있는 기틀을 만들어 주었다. 대처는 '확신 있는 정치인'으로 불리어지기를 좋아했는데 그것은 아버지에게서 배운 영향이 크게 작용한 것이었다. 아버지는 정치를 하고자하는 딸에게 이런 가르침을 주었다.

"너는 스스로 대중들과 말을 듣는 것이 두려워 무조건 그들을 추종하는 일은 하지마라. 그것은 자기가 옳다고 판단한대로 각자가 스스로 결정할 문제이다. 그리고 필요한 경우에는 대중을 이끌어라."

60, 70년대에 걸쳐서 고질화 되었던 '영국병'을 뜯어고친 마가렛 대처가 영국 역사상 최초의 여수상이 된 것은 1979년의 일이었다. 당시 영국은 정부가 강성노조에 질질 끌려 다니며 제대로 된 정책을 펴지 못하고 있었다. 1974년 2월의 총선거에서 패배하고 노동당에게 정권을 내준 보수당 내각의 수상이던 히스는 이렇게 절규했을 정도였다.

"영국을 다스리는 자는 노동조합인가? 아니면 합법적 선거에 의해서 선임된 정부인가?"

그러나 4년 후, 노조의 지지 속에 출발했던 노동당 정권도 급진적 노조의 끝없는 요구와 장기 파업 앞에 결국 자멸하고 말았다. 1979년 5월, 총선거를 승리로 이끈 대처는 이제는 암처럼 되어버린 '영국병'을 뜯어 고치기 위해서는 노조와 정면으로 맞서 싸워야 한다는 신념을 가지고 다우닝가 10번지의 수상 관저로 입성했다.

대처는 우선 노조의 개혁을 최우선 목표로 삼았다. 정부보다 더 막강한 힘을 가진 노조, 특히 탄광 노조를 굴복시키지 않고서는 어떠한 정책도 성공할 수 없다는 판단을 한 것이다. 대처는 집권하자마자 탄광 노조와의 결전을 예상하고 꾸준히 석탄 비축에 나서서 1년분의 석탄을 미리 확보했다. 당시만 해도 석탄 화력에 의존이 컸던 때문에 대처는 탄광 노조와의 싸움에서 이기려면 1년 정도의 시간이 필요하다고 판단한 것이다.

준비를 끝낸 대처가 새로운 정책으로 탄광 노조를 압박하자 과연 탄광 노조가 대대적 파업으로 맞섰다. 대처는 미리 준비한대로 단호하게 정면 대결에 나섰다. 그녀는 석탄보다 가격이 저렴한 석유로 대체해야 함에도 탄광 노조의 압력 때문에 비싼 석탄을 계속 사용해야 하는 '영국적 현실'을 반드시 고쳐 놓겠다고 결심했다. 그녀는 어떠한 타협이나 협상도 배제했다. 이 싸움에서 지게 되면 영국의 미래는 없다고 확신했다.

대처는 파업을 계속하는 탄광은 폐쇄를 시킬 것을 명령했다. 이러한 조치에 노조는 격렬하게 저항했고 마침내 폭동으로 변했다. 사태가 이쯤 되자 노동당은 물론 보수당 내에서도 탄광 폐쇄로 인한 실업자 대책을 세우라고 아우성을 쳤다. 그러나 대처는 일관되게 정책을 밀고 나갔다.

대처는 탄광뿐만 아니라 산업 전반에 걸쳐서 경쟁력을 잃은 기업, 특히 국영 기업의 구조조정에 착수했다. 우선 대처는 국영 석유회사의 민영화를 시작으로 세 개의 국영 제철소를 폐쇄했다. 이러한 조치로 300만 명의 실업자가 발행했다. 대처의 인기는 25%로 급락했다. 그러나 그녀는 정치인의 인기는 영국의 미래와는 아무런 관계가 없다며 개의치 않았다.

대신 대처는 대대적인 외자(外資) 유치에 나서서 사업 전망이 좋은 기업에 투자했고 정부에도 구조 조정을 단행하여 작고 효율적인 정부를 만들어 나갔다. 그녀는 노조의 폭동에는 강제 진압으로 맞섰고 폭력적으로 법을 위반한자는 반드시 체포하여 처벌했다.

정부의 흔들림 없고 강력한 대처에 기세가 눌린 탄광 노조는 드디어 1985년 3월 3일 대표자 회의를 소집하여 투표를 통해 직장

복귀를 결정했다. 1년 여 동안 끈질기게 벌어졌던 노조와의 싸움은 철의 여인 대처의 승리로 그 막을 내렸다. 이로써 영국의 권력은 노조에서 정부의 손으로 다시 넘어갔다. 그 사이 대처는 영국경제를 다시 선진국 체제로 돌려놓았다. 그 후 대처는 11년간 수상직을 연임하며 20세기 최장수 수상이 되었다.

제록스가 죽어야
제록스가 산다

앤 멀케이

지난 3년 동안 미국 비즈니스업계에서는 '파산의 늪'에서 제록스를 살려낸 앤 멀케이의 성공비결이 화제가 되고 있다. 그녀는 미국의 경제전문지인 '포춘'이 선정하는 '가장 영향력 있는 여성 50명'에 연속 3년째 2위로 뽑힌, 현재 미국에서 몇 손가락 안에 꼽히는 유명한 CEO다.

멀케이는 2001년 8월, 제록스의 CEO가 되었다. 당시 제록스는 171억 달러의 부채를 짊어진 채 파산직전에 있었다. 2000년까지 7분기 연속 적자를 기록했고, 주가는 63달러에서 4달러 대로 추락해 시가총액의 90%가 증발해 버렸다. 게다가 멕시코 지사의 회계부정을 놓고 미국 증권거래위원회(SEC)추적은 계속되고 있었다. 멀케이는 이런 제록스에 '잔 다르크'처럼 등장했다. 구원투수 멀케이는 이른바 '3C'를 들고 나왔다. 다름 아닌 '컬러복사기(Color), 고객우선(Customers), 비용절감(Costs)'이 그것이었다.

메리마운트대학교 영문과를 졸업하고 24세에 복사기를 파는 일을 시작으로 제록스의 일원이 된 그녀는 자기 생애의 절반인 25년간을 제록스에 몸담고 있었다. 그러기에 그녀의 회사에 대한 애정은 남다른 것이었고 그것은 회사를 반드시 살려야겠다는 열정으로 변했다.

그녀는 일면식도 없던 투자의 귀재 워런 버핏의 조언을 듣기 위해 오마하행 비행기에 몸을 실었다. 2시간가량 멀케이의 고민을 들어주던 '오마하의 현인(Oracle of Omaha)'은 이렇게 입을 열었다.

"CEO로 승진했다고 생각하세요? 절대 아니죠. 당신은 오늘부터 전쟁터에 끌려갔다고 생각하세요. 당국자와 은행가, 주주들에 이르기까지 수백만 명이 자신들이야말로 제록스에 가장 중요한 사람이라고 주장하며 당신을 괴롭힐 겁니다. 당신 머릿속은 이 사람들로 꽉 차버릴 거예요. 하지만 일단 그들을 무시하세요. 그리고 당신 주위의 직원과 고객들이 회사의 문제에 대해 말하는 바를 유심히 듣는 데 최우선순위를 두세요."

멀케이는 버핏의 조언을 그대로 실천했다. 그녀는 90일 동안 비행기를 타고 전 세계 지사를 돌며 직원과 고객의 의견을 듣고, 주위의 임원들과 모든 정보를 공유하면서, 발로 뛰며 일을 성사시켰다. 처음 2년 동안 그녀는 단 한 주도 주말에 쉰 적이 없었다. 멀케이는 전체 직원의 40% 감원 등 구조조정도 강력하게 밀어 붙였다.

그녀는 직원들을 매몰차게 내쳤다는 비판도 받았으나 남은 직원들은 그녀를 중심으로 똘똘 뭉쳤다. 느슨했던 조직에 활기가 돌아오기 시작했다. 텍사스의 한 지사에서는 판매왕에 오른 직원이 인센티브를 거절하고, 동료들이 그에게 세차 서비스를 해주는 해프닝도 벌어졌다.

멀케이 체제에서 제록스는 복사기 제조업체에서 종합 문서 솔루션 회사로 거듭나는데 성공했다. 그녀는 제록스가 한때 독점적 위치에 있었다는 점을 잊어버려야 한다고 강조했다. 제록스가 죽어야 제록스가 산다는 것이었다. 제록스의 비결은 '모방'을 통한 비즈니스 모델의 '재창조' 였다.

모토로라와 GE의 6시그마를 조직에 이식했고, 솔루션 회사로 성공적인 전환을 이룬 IBM의 노하우를 '복사' 했다. 복사기 제품을 흑백에서 컬러로, 아날로그에서 디지털로 급속히 전환시켰다. 멀케이가 지난 몇 년간 이룩한 성공은 '제록스의 기적' 이라 불린다.

　제록스는 2002년 4분기에 주당 1센트의 순익을 달성, 3년 만에 처음으로 연간 기준 흑자를 기록했다. 제록스의 2007년 1분기 순익은 2억 달러였다.

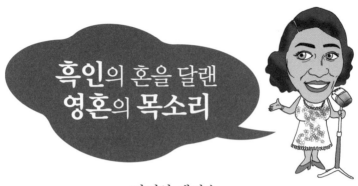

흑인의 혼을 달랜
영혼의 목소리

마리안 앤더슨

지금도 링컨 기념관에 가면 마리안 앤더슨의 사진이 크게 붙어 있다. 마리안 앤더슨의 공연이 그만큼 큰 사건이었기 때문이었다. 어느 날 그녀는 백악관에서 루즈벨트 대통령 부처와 영국 여왕을 위한 독창회를 가졌다. 성공리에 끝난 독창회 자리에서 그녀는 기자들의 많은 질문을 받았다. 어떤 기자가 마리안 앤더슨에게 그녀의 생애에서 가장 기뻤던 날이 언제였는지를 물었다. 그때 그녀는 조용히 미소를 지으며 이렇게 말했다.

"제 일생에서 가장 행복했던 순간은 늙으신 어머니께 이젠 더 이상 인종적인 차별 대우를 받지 않게 되었다고 말씀드릴 때였습니다. 나는 그날 어머니에게 더 이상 남의 집 빨래 일을 하지 않아도 된다고 말씀드렸습니다."

가난하고 비참했던 시절을 부끄럼 없이 드러내는 그녀의 겸손한 자세가 기자들을 더욱 감동시켰다. 그녀는 아이젠하워 대통령의 특사로 한국에도 와서 이화대학 강당에서 노래 불러 큰 감동을 선사하기도 했다.

이제 미국은 흑인 대통령의 시대를 맞이했지만, 얼마 전까지만 해도 흑인들은 식당에 마음대로 들어가 식사를 할 수도 없었고, 버스를 타도 제대로 앉을 수 없었으며, 하다못해 거주지까지 제약을 받아야했다. 그래서 흑인들의 노래 속에는 한이 맺힌 애절함이 배어 있었고, 누구에겐가 하소연하는 듯한 노래가 되어 흑인영가(靈歌)가 되었는지 모른다. 마리안 앤더슨은 그러한 흑인영가로서 흑인들의 상처받은 영혼들을 위로한 전설적인 알토 성악가다.

필라델피아에서 가난한 흑인의 딸로 태어난 그녀는 6세 때 교회 성가대에서 처음 노래한 후, 남달리 뛰어난 노래 실력으로 사람들을 놀라게 했고, 8살 때 이미 개인 콘서트를 가지게 되었다. 하지만 흑인이기 때문에 정규 음악 학교엔 입학조차 못했다. 그러나 1925년, 마리안은 뉴욕 필하모니 오케스트라가 주최한 오디션에서 신비스런 낮은 목소리로 관객과 심사위원의 심금을 울리며 당당히 1등을 차지했다. 성악가로서의 성공이 목전에 다가온 것처럼 보였으나 그녀에게는 6년 동안 아무런 일도 일어나지 않았다.

자유와 평등, 그리고 인권을 기본으로 한 자유의 나라 미국은 그 어떤 나라보다 더 심하게 인종을 차별하고 분리 정책을 펴고 있었기에 그녀는 뛰어난 재능에도 불구하고 인종차별과 편견의 희생물이 되어야 했다.

그런 마리안에게 기회는 밖에서부터 찾아왔다. 그녀는 미국을 떠나 런던에서 전통 클래식 음악을 공부한 후, 1930년 베를린에서 데뷔 공연을 할 수 있었다. 첫 무대에서 호평을 받기 시작한 그녀는 스캔디나비아 반도와 주변 국가를 시작으로 유럽 순회공연의 기회를 가지게 되었다.

1933년 헬싱키 공연을 지켜 본 시벨리우스는 "당신의 위대한 음성에 내 집 천정이 내려앉는 듯하다."라는 찬사를 했고, 1935년 찰스부르크 공연에서 토스카니니는 "100년에 한번 들을 수 있는 음성"이란 격찬을 했다. 마리안은 프랑스, 영국, 이탈리아, 오스트리아 까지 포함하여 150차례 공연을 벌였고 스웨덴의 왕 구스타프, 덴마크 왕 크리스티안이 직접 그녀를 접견할 정도로 유럽에서 대스타가 되었다.

그러나 유럽에서 대스타가 된 마리안이지만 여전히 미국공연을 할 수 없었다. 당시 유명한 콘스티투션 홀은 DAR(아메리카 혁명의 딸들)이 관리하고 있었는데 그들은 노예의 후손인 마리안이 콘스티투션 홀에 서는 것을 허락하지 않았다. 루스벨트 대통령의 영부인인 엘리노어는 이에 분개해서 DAR에서 탈퇴 하고 마리안의 링컨 메모리얼 홀에서의 부활절 공연을 주선했다.

마리안은 1925년 뉴욕 필하모니 오디션 이후 10년 만에 미국 무대에 설 수 있게 된 것이다. 그러나 정작 그녀가 뉴욕 메트로폴리탄 오페라 무대에 설 수 있었던 것은 그로부터 20년이 더 흐른 1955년이었다. 인종차별의 벽을 깨고 미국무대에 자유롭게 설 수 있을 때까지 30년이란 긴 세월이 필요했던 것이다.

마리안은 이러한 어려움과 인종차별적인 대우에도 불구하고 항상 감사하며 긍정적으로 사람들을 대했다. 그녀는 미국 내에서 명성을 얻은 후에도 부귀와 명예를 추구하지 않고 오로지 자신의 뒤를 이은 많은 흑인 가수들의 무대를 마련하는데 온 정성을 기울였다. 또한 그녀는 마틴 루터 킹을 도와 인권과 평등을 호소하는데 앞장섰다.

그녀는 1958년 아이젠하워 대통령에 의해 인권옹호위원회 대표로 UN에 파견되어 인권 외교 방면에도 활약했다. 흑인의 뼈아픈 현실적 고통과 애환을 노래한 흑인 영가는 앤더슨에 의해 예술 가곡의 수준으로 또 세계인의 애창곡으로 발전되었다.

나무 위의 여자

줄리아 버터플라이 힐

1997년 12월 10일, 캘리포니아 주 북부의 레드우드 원시림. 스물세 살의 여자가 높이 61미터나 되는 어마어마한 아메리카 삼나무 위로 올라갔다. 벌목 위기에 처한 삼나무 '루나'를 지키기 위해서였다. 그녀는 56미터 지점의 나뭇가지에 가로 180cm 세로 240cm인 작은 오두막을 짓고 선언했다.

"전기톱으로부터 원시의 삼나무 숲을 구하기 전에는 나는 절대로 내려가지 않을 것이다."

그녀의 외침소리는 작았고, 고독했고, 누구도 듣는 이가 없었다. 하지만 그녀는 친구들이 정기적으로 날라다준 물품으로 연명하면서 자그마치 2년하고도 18일이 지난 738일 동안 그 나무 위에서 버티며 벌목회사를 상대로 투쟁했다.

그녀의 이름은 줄리아 버터플라이 힐이었고 나무 위에 오르기 전에는 아무 특색도 없는 평범한 처녀였다. 줄리아는 목사인 아버지가 트레일러를 끌고 전국을 순회하며 목회하던 탓에 어려서부터 숲의 소중함을 잘 알고 있었다.

그녀는 어린 시절 나비 한 마리가 오래도록 그녀의 머리 위에 앉아 있었던 일을 떠올리고 '나비'를 자신의 이름으로 선택할 정도로 자연을 사랑했다. 줄리아가 나무 위를 점령하고 버티기 시작하자 '퍼시픽 벌목회사'는 무척 당황했다.

벌목회사는 그녀를 나무 밑으로 끌어내리기 위해 온갖 노골적인 시도를 벌였다. 나무 밑에 경호원을 보내 필수품의 공급을 차단하기도 했고, 외설적인 욕설을 퍼부어댔고, 그녀가 자지 못하도록 시끄럽게 경적을 울려댔으며, 그녀의 둥지를 거의 날려버릴 정도의 바람을 일으키는 거대한 벌목용 헬기를 띄워서 공포 분위기를 만들기도 했다.

그러나 줄리아는 거의 종교에 가까운 신념으로 기도와 명상을 통해 두려움과 공포를 이겨나갔다. 차츰 줄리아의 손과 발에는 마치 '루나'의 옹이처럼 굳은살이 박혔다. 그녀는 수많은 벌레들, 폭풍우와 외로움과 고독과 싸워야 했다. 겨울철에는 동상에 걸렸다 풀렸다를 반복했다. 손가락과 발가락에는 갈색과 초록색의 물이 들었다. 갈색 물은 나무껍질 때문이었고, 초록색 물은 이끼 때문이었다. 줄리아는 이처럼 고통을 감내하면서 점점 '루나'와 한 몸이 되어갔다. 그러나 누구도 줄리아의 행동에 관심을 기울이지 않았다.

그녀는 사람들에게 숲의 존재 이유와 그 숭엄한 역할을 깨닫게 하기 위해 언론매체에 하루에 20~30통의 전화를 걸었다. 그녀가 나무 위의 생활 미국기록인 43일을 넘기자 언론이 조금씩 관심을 갖기 시작했다. 하지만 그것은 그녀가 얼마나 나이를 먹었고, 어떻게 씻고, 어떻게 보여 지며, 무슨 종류의 요리를 하며, 무슨 배경을 가졌는가에만 흥미를 보이는 수준이었다.

줄리아는 계속해서 추위와 공포 그리고 세상의 무관심과 싸워야했다. 유난히 추웠던 겨울날, 그녀는 '과연 내가 루나를 지켜야 하는가' 하고 오랜 시간동안 회의에 잠기기도 했지만, 결국 그녀는 포기하지 않았다. 좀더 시간이 흐르자 그녀와 동료들에게 조금씩 든든한 지원자가 생기기 시작했다. 각종 언론이 줄리아의 이야기를 다뤘고, 많은 환경단체와 가수들, 그리고 자연과 생명을 사랑하는 많은 사람들이 루나의 주위로 몰려들었고, 그녀를 지지했으며, 루나를 살리기 위해 많은 활동들을 벌였다.

그리고 마침내 738일이 되는 날, '루나'를 영구히 보존 한다는 공식적 서류가 작성되고 나서야 그녀는 나무에서 내려왔다. 줄리아는 자신의 삶을 걸고 천 년 된 삼나무 '루나'를 지켜낸 것이다. 이렇게 해서 '루나'는 그 부근의 숲도 파괴로부터 보호됐다.

위대한 결단 **6장**

학문적 **결단**

나라를 다스리는 근본을 제시한 학자 **정약용**
명성 때문에 부패하지 않은 유일한 인물 **마리 퀴리**
한국 고대사의 복원자 **일연**
별빛에서 우주의 비밀을 읽어낸 사나이 **조셉 폰 프라운호퍼**
노벨상을 거부한 유일한 작가 **사르트르**
표준화된 교과목과 학습법을 없애라 **요한 하인리히 페스탈로치**
생명의 기원을 밝혀낸 젊은이 **스탠리 로이드 밀러**
신념을 위해 목숨을 바치다 **조르다노 브루노**
현대인의 진정한 친구 **마키아벨리**

나라를 다스리는 근본을 제시한 학자

정약용

★ **정약용(丁若鏞, 1762~1836년)**

정조의 총애를 받던 정약용은 정조가 세상을 떠나자 18년이란 오랜 유배 생활을 해야만 했다. 그러나 그는 귀양살이를 하는 동안 수많은 저술을 남긴 불세출의 대학자였다. 그는 무려 508권이라는 방대한 양의 저서를 남겼다. 그의 대표작인 '목민심서'는 당시 국가 경영에 있어서 가장 시급한 일로 보았던 민생 안정을 위한 지방관의 실무 지침서였다. 이 책은 총 48권으로 12장 72조로 구성되어 있다. 주요 내용은 백성들의 고통과 탐관오리의 수탈을 폭로하고 그 해결 방법을 제시한 지방관 지침서로서 그의 애민사상이 구체적으로 전개되어 있다. '목민심서'에는 다음과 같은 그의 목민관이 기술되어 있다.

"'청렴이란 목자의 본분이요. 만 가지 선행의 원천이다.' 그는 수령이 먼저 수신을 철저히 하여 덕과 아울러 위엄과 능력을 갖추어야 하며, 여기에 올바른 뜻과 공명함이 있어야 바른 행정을 펼 수 있다고 했다. 즉 지도자는 전인적인 인격을 먼저 갖추어야 한다고 역설한 다산의 정신과 사상은 경세적인 실학이기에 앞서 인간의 기초 철학이라고 할 수 있다."

1794년 10월 어느 날, 다산(茶山) 정약용은 정조(正祖)로부터 경기도 연천현감 서용보가 악행을 일삼는 것을 감시하라는 명령을 받고 암행어사로 파견됐다.

그 무렵 서용보는 아첨을 일삼는 자들과 함께 결탁해 백성들을 상대로 악행을 일삼고 있었다. 그들은 풍수지리설을 믿는 마을 사람들에게 지금 그들이 살고 있는 고을 땅을 아주 나쁜 흉지라고 속여서 다른 곳으로 옮기게 한 다음 그 땅을 자신의 소유로 만들어 버렸다. 또한 서용보는 관청에서 관리하는 곡식을 가난한 백성들을 도와준다는 핑계로 빌려 준 뒤 받아들일 때는 돈으로 높은 이자를 쳐서 폭리를 취했다. 그러자 백성들의 원성은 하늘을 찔렀고 그러한 소문이 정조의 귀에까지 들어갔던 것이다.

해가 서산으로 기울 무렵 허름한 옷차림의 다산이 그 마을에 닿았다. 때마침 저녁 시간이었는데 다산이 마을을 굽어보니 마을은 이상하리만큼 조용했고 저녁밥을 짓는 연기조차 피어오르지 않고 있었다. 이상하게 생각한 다산은 어느 집에 이르러서 물 한 모금을 청했다. 그러자 집주인은 먹을 것이 없어 다른 것은 드릴 수 없지만 물은 얼마든지 마시라하면서 매우 미안해하는 것이었다. 밤이 늦어서 하룻밤만 재워줄 것을 청하자 주인은 그에게 안방을 내어주고 자신들은 건넌방으로 건너갔다. 정약용은 주인의 고운 마음씨에 감동하면서 한편으로는 화가 치밀어 올랐다.

"어떻게 선량한 백성들이 이런 굶주림 속에서 살 수 있단 말인가?"

날이 밝자 다산은 마을 구석구석을 살펴보고 나서 집 주인에게 물었다.

"이 댁은 농사를 짓고 있는데 왜 끼니걱정을 하고 있습니까?"

"농사를 지어도 빚을 갚고 나면 남는 것이 없어서 그렇답니다."

"빚을 지다니요? 무슨 일로 빚을 지셨습니까?"

"곡식이 모자라서 관가에서 꾸어 주는 곡식을 갖다 먹었다가 그 이자가 어찌나 비싼지 빚을 갚을 길이 없어 미루다 보니 나중에는 곱에 곱으로 이자를 쳐서 논까지 빼앗겼습니다. 게다가 아직 어린 두 아들이 군적에 올라서 군포를 내느라고 빚을 더 지게 됐고요."

그 말을 들은 다산은 경악했다. 아무리 부패한 관리라고 해도 그것은 정도가 지나친 일이었다. 그곳의 실정을 낱낱이 파악한 다산은 조정으로 돌아와서 하나도 빠짐없이 정조에게 보고했다. 다산의 이 같은 보고를 받은 정조는 격노해 서용보를 비롯한 못된 벼슬아치들을 파직시키고 옥에 가두거나 멀리 귀양을 보내 버렸다. 그 후 다산은 암행어사로 전국 각지를 돌아다니며 탐관오리들을 찾아내서 냉정하게 법을 적용시켜 파직시키는 등 큰 활약을 했다.

이 일화에서도 보다시피 정약용은 백성들과 나라 일을 걱정하는 인물이었다. 그러나 청렴결백함과 강직함 때문에 그를 아끼던 정조가 세상을 떠나자 많은 간신배들의 질시와 모함을 받아 오랜 유배생활을 해야만 했다. 유배생활 동안에도 정약용은 나라를 다스리는 근본에 대한 책을 저술했다. 그것이 유명한 '목민심서(牧民心書)'다.

목민심서는 농민의 실태, 서리의 부정, 토호들의 작태를 낱낱이 열거하고, 지방 관헌의 윤리적 각성을 촉구한 책으로 지방의 백

성을 다스리는 관리들이 반드시 지켜야 할 일들을 자세하고도 예리
하게 제시하고 있다.

명성 때문에
부패하지 않은
유일한 인물

마리 퀴리

⭐ **마리 퀴리(Marie Curie, 1867∼1934년)**

퀴리 부처가 라듐의 존재를 발견하고 나서 순수한 라듐을 만들어 낼 때까지는 4년이라는 시간이 걸렸다. 그 동안 마리 퀴리는 남편과 함께 비가 새는 창고 같은 실험실에서 연구를 계속했다. 그러나 마리의 일은 연구소에서의 일에 그치지 않고 식사 준비, 빨래, 애 기르는 것 등 주부로서의 일을 수행해야 했다. 과학자인 동시에 주부임을 자각하고 있던 마리는 이 바쁜 일상생활이 당연하다고 생각하고 있었으나 무엇보다도 남편 피에르 퀴리의 애정이 큰 힘이 되어 주었다. 그 사실은 마리가 친언니에게 쓴 편지 속에 쓰여 있다.

"나는 남이 생각하고 있는 것 이상으로 훌륭한 남편을 갖고 있어 행복합니다. 나는 이렇게 좋은 남편을 만나게 되리라고는 생각지도 못했어요. 하늘에서 내게 복을 내려 주신 것입니다. 같이 살면 살수록 우리들의 애정은 두터워지고 있습니다."

마리 퀴리는 두 차례나 노벨상을 받은 여성과학자로 너무나 유명하다. 그녀는 조국 폴란드가 러시아의 지배를 받으며 신음하는 가운데 프랑스 파리로 유학의 길에 올랐다. 소르본 대학 이과에 들어간 마리의 생활은 몹시 고달팠다.

그녀는 빠른 말씨로 진행되는 프랑스어 강의를 제대로 알아들을 수 없었고 또 경제적으로 쪼들려서 추위 속에서 불조차 때지 못하고 차만 마시면서 몇 끼를 굶은 적도 있었다. 그러나 마리는 좌절하지 않고 공부에 전념해서 1893년, 물리학 학사시험에 1등을 차지했다.

그 무렵 마리는 소르본 대학 물리학 교수였던 피에르 퀴리와 결혼식을 올렸다. 결혼 후, 두 사람은 의기투합해서 공동으로 연구에 박차를 가했다. 1898년 6월 말, 두 사람은 우라늄보다 방사능 강도가 330배나 높은 새 원소를 발견했다. 마리는 조국 폴란드의 이름을 따서 폴로늄(polonium)이라는 이름을 붙였다.

그 동안 두 사람은 비가 새는 창고 같은 실험실에서 연구를 계속했다. 두 사람은 연구를 계속해서 폴로늄과 함께 우라늄 광석에서 우라늄의 900배에 달하는 방사성원소인 라듐(radium)을 발견했다. 퀴리 부부가 제출한 보고서를 받은 학회는 발칵 뒤집혔다.

두 사람은 라듐 연구를 거듭해서 우라늄 광석을 20kg를 분쇄하여 황산에 침전시켜 결정을 만드는 고된 작업을 수십 수백 번 반복했다. 마침내 1902년 두 사람은 순수한 라듐 결정을 추출해냈다. 4년의 세월을 바쳐 8톤의 광석에서 추출한 양은 겨우 0.1g이었다.

그해 11월 퀴리 부부는 스웨덴 한림원으로부터 노벨 물리학상을 수여한다는 전보를 받았다. 그녀의 나이 34살 때였다. 그러나 그 기쁨은 오래가지 않았다. 남편 피에르가 마차에 치어 어이없게도 숨지는 사건이 일어난 것이었다. 그녀는 비탄에 잠겼지만 연구를 멈추지는 않았다. 그녀는 남편 대신 파리 대학 이학부 물리학 교수가 되었고, 1911년 노벨 화학상을 수상하여 노벨상 2회 수상이라는 빛나는 기록을 세웠다.

마리 퀴리는 제1차 세계대전이 일어나자 방사선 치료반을 조직, 치료에 나섰다. 당시는 아직 엑스선 장치가 없어서 총상을 입은 병사들의 몸속에 박혀 있는 총알의 위치를 찾아낼 수 없었다. 몸에 박힌 총알을 뽑아내지 못해 죽는 군인들이 많다는 사실을 알게 된 그녀는 엑스선을 장착한 진료차를 많이 만들기 위해 정부와 군 당국을 뛰어다니며 온갖 노력을 기울였다. 덕분에 많은 병원이 엑스선 치료시설을 갖추게 되었고, 수많은 부상병들의 생명을 구할 수 있었다.

미국의 어느 여기자가 퀴리 부인과 회견을 하면서 물었습니다.

"당신은 무엇이 소원이십니까?"

"1그램이라도 좋으니까 연구를 위해서 마음대로 쓸 수 있는 라듐이 있었으면 좋겠습니다."

퀴리 부인의 말을 들은 기자는 의아한 생각이 들었습니다. 라듐을 발견한 사람이 라듐이 1그램도 없어서 고민을 하고 있다는 것이 이해가 되지 않아서 다시 물었습니다.

"당신은 라듐을 발견한 것으로 특허를 받고 큰돈을 벌어서 얼마든지 라듐을 살 수 있지 않았나요?"

그때 퀴리 부인은 웃으면서 말했습니다.

"원소는 만인의 것입니다."

아인슈타인은 "모든 저명인사 중에서 명성 때문에 부패하지 않은 유일한 인물"이라며 퀴리부인을 추모했다.

한국 고대사의
복원자

일연

★ 일연(一然, 1206~1289년)

오늘날 '삼국유사'는 손쉽게 구할 수 있는 역사고전 중 하나다. 하지만 고려시대에 쓰였다는 수많은 역사책들이 사라졌듯이 삼국유사도 실제로 역사 속에만 존재할 뻔한 책이었다.

도쿠가와가 사랑한 책, 스토리텔링 삼국유사의 작가 고운기의 조사에 의하면 삼국유사는 최남선이 일본 유학 시절 도쿄에서 발견하기 전까지 무려 415년이나 잊혔던 책이다. 일본은 임진왜란 때 수천 종 이상의 조선의 책들을 모두 쓸어갔다. 그 중에 삼국유사는 1512년 경주에서 찍은 책 가운데 한 질이다. 이 삼국유사는 도쿠가와 이에야스에게 바쳐졌으며, 어문고의 목록 속에 들어가 소중히 보관되었던 것이다. 고운기는 말한다.

"세계화가 진행되면 될수록, 한국이 커지면 커질수록 세계는 우리를 향해 '너희는 누구냐'는 질문을 더 자주 던지게 될 것입니다. 그러면 '우린 이런 사람이다'라고 얘기해 줘야 하는데 우리가 누구인지를 아는 데 삼국유사만 한 텍스트가 없습니다."

삼국유사가 없었다면 우리나라는 단군과 우리역사의 뿌리를 아직도 찾지 못하고 있었을지 모를 일이다.

'삼국유사(三國遺事)'는 '삼국사기(三國史記)'와 더불어 한국 고대사를 기록한 양대 산맥이다. 삼국사기는 삼국유사보다 140년 앞서서 씌어졌지만 사대적 유교사관에 의해 씌어진 탓에 우리 고대사의 많은 부분을 의도적으로 빼놓고 있었다.

삼국사기의 저자 김부식(金富軾)은 괴력난신(怪力亂神)을 거부하는 공자의 가르침을 따라 단군의 고조선을 비롯한 고대사의 상당부분을 신화로 간주하고 삼국시대에서부터 우리 역사를 기록했던 것이다. 삼국사기가 우리 역사의 시작을 한나라의 전성기인 기원전 57년으로 잡은 것에 비해 일연의 삼국유사는 첫머리인 '고조선' 편에 우리 민족의 시조가 된 단군왕검과 기자 및 위만조선 등에 대해 서술함으로써 우리 민족의 장구한 역사를 복원 시키고 있다.

20대의 젊은 나이에 몽고 침략을 경험하게 된 일연은 참담한 민족적 비극 속에서 민족 정체성의 위기를 느꼈다. 일연은 몽고군의 잔학한 말발굽에 전 국민과 국토가 유린당하고, 팔만대장경과 황룡사가 불타는 참극을 바라보면서 삼국사기가 간과하거나 기록하지 못한 새로운 민족사를 쓸 것을 결심했다.

9세에 출가해서 무량사에 들어가 22세에 선과(禪科)에 급제한 그는 여러 절을 두루 거치며 수도 생활을 하면서 깨달음의 폭과 깊이를 더해 갔다. 과묵하고 항상 겸손함을 잃지 않았던 그는 특별한 스승의 가르침을 거치지 않고 스스로 학문을 일구고 수양을 닦은 탓에 어느 특정 신앙이나 종파에 얽매이지 않았다.

그가 주관하는 법회는 인산인해를 이루었고 그의 설법을 듣고 감동을 받지 않는 자가 없었다고 한다. 그는 54세에 대선사에 올랐으며 72세에 청도 운문사에서 충렬왕에 의해 국존에 추대되었는데 그곳에서 삼국유사를 집필하기 시작했다.

일연은 삼국유사를 저술함에 있어서 고대국가를 세운 건국신화, 설화 등 다양한 자료를 찾아내서 빠짐없이 수록함으로써 그가 가졌던 민족의식이 얼마나 투철했는지를 보여준다. 일연은 중국의 자료는 27종만 인용했지만 우리나라의 자료는 50종이 넘게 인용했고, 고기, 향기, 비문, 고문서, 전각 등도 다양하게 인용했는데, 이는 오늘날 사라질 뻔한 우리 고대사를 복원하는 귀중한 자료가 된다.

삼국유사는 대부분의 역사서와 달리 구태의연함이나 교조적 틀에서 벗어나 어떤 구속이나 틀에 얽매이지 않고 작가 특유의 개방적 사고에 의해서 자유롭게 쓰어짐으로써 우리의 역사서 중에서 내용이 가장 풍부한 책으로 정평이 나 있고 불교를 바탕으로 한 민담, 설화 등 우리가 아는 이야기가 가장 많이 실려 있는 대중적인 책이기도 하다. 이 책은 정사에서 다루지 못한 철학, 인생, 종교, 지리, 언어, 사상, 미술, 음양오행 등 모든 문제의 본질에 대해 이야기하고 있어서 우리는 이야기들을 통해 우리 민족의 정신, 지혜와 슬기를 느낄 수 있다.

'유사(遺事)'에서 '유(遺)'는 '자취', '남다' 등의 의미이고, '사(事)'는 '사실'이나 '사적(事跡)'을 뜻한다. 그러므로 유사(遺事)의 의미는 역사뿐만 아니라 고대인들의 삶을 생생히 담는다는 것으로 민족문화의 원형을 보여준다는 가치가 있다.

무엇보다도 일연은 삼국유사에서 단군을 국조(國祖)로 받드는 민족 정통성의 근거를 제시함으로써 하마터면 잊히고 말 뻔했던 한국 고대사를 복원한 인물로 높이 평가받고 있다. 삼국유사는 한국인의 뿌리를 확인하고 싶다면 반드시 읽어야 할 책이다.

별빛에서 **우주**의 **비밀**을 읽어낸 **사나이**

조셉 폰 프라운호퍼

★ **조셉 폰 프라운호퍼(Joseph von Fraunhofer, 1787~1826년)**

인류는 프라운호퍼 선의 발견 이후, 빛의 파장을 더욱 세분하여 조사하는 방법을 찾아냈고 우주를 탐구하는데 있어 거의 모든 정보가 빛의 스펙트럼 속에 숨겨져 있다는 사실을 알게 되었다. 또한 현대 천문학은 머나먼 우주에서부터 오는 빛은 입자이자 파동인 동시에 지구에 생명을 불어 넣는 생명 에너지이며 빛은 세포, 분자들, 그리고 심지어 원자들에 이르기까지 들여다 볼 수 있는 우주의 열쇠라는 사실도 알게 되었다. 영국의 낭만주의 시인 존 키츠(John Keats)가 장편시 〈라미아Lamia〉에서 아이작 뉴턴이 분광학을 통해 무지개를 풀어헤치는 바람에 무지개의 시성(詩性)이 사라져 버렸다고 불만을 토로했지만, 리처드 도킨스는 존 키츠의 이런 생각이 "완전히 잘못됐다"고 주장한다. '프라운호퍼선(線)'에 나타난 별빛 바코드를 바탕으로 아인슈타인, 허블, 호킹 등의 과학자들이 우주의 비밀과 그 본질을 밝혀냄으로써 이제 우리는 그 옛날 막연히 멀고 거대하다고만 느꼈던 우주의 더 많은 것을 볼 수 있게 되었고, 더 많은 것을 알게 되었다. 이를 통해 인류는 이전에는 느낄 수 없었던 새로운 아름다움을 경험하게 되었다.

조셉 폰 프라운호퍼는 일반인들에게 잘 알려지지 않은 독일 물리학자다. 그런데 그가 이룩한 업적은 전 우주의 비밀을 알아내는 데 지대한 공헌을 한 놀라운 것이다. 현대과학이 빅뱅(Big Bang)으로부터 시작된 우주의 나이를 알게 되고 은하계와 별들의 나이며 크기, 성질, 미래를 알아서 맞출 수 있게 된 것은 프라운호퍼의 지대한 노력에 빚지고 있는 까닭이다.

그는 지금은 프라운호퍼 선(線)으로 알려져 있는 태양 스펙트럼의 암흑선을 최초로 연구한 과학자다. 뉴턴이 '프리즘'이라는 아주 단순해 보이는 막대로 태양의 스펙트럼 현상을 관찰한 이래 서양에는 분광학(spectroscopy)이라는 학문이 출발했지만 그 발전은 미미했다. 프라운호퍼는 방사되는 빛을 분석하여 물질의 구성원소를 알아내는 방법을 개발했다.

1823년 프라운호퍼는 실험실에서 태양빛을 7개로 나누어 인공적인 무지개를 만든 후, 그것을 현미경으로 관찰하여 결과를 직접 스케치로 그려내는 데 성공했다. 무려 10년이 넘는 장구한 세월 동안 그는 무지개를 분석한 스펙트럼을 아주 꼼꼼하게 종이에 칼라로 옮겨 적은 것이다. 그 결과 그는 자신이 무지개를 분석한 스펙트럼 속에 574개의 바코드와 같은 검은 띠가 그려져 있는 것을 발견했고 그것을 빛의 밝기 순으로 A~G로 나타내어 오늘날까지 사용되는 분류체계를 만들었다.

그것은 우주의 비밀을 푸는 우주의 암호였다. 프라운호퍼는 이 바코드의 의미 파악에 평생을 받쳤지만 끝내 그 의미를 발견하지 못하고 세상을 떠났다. 그것의 의미가 밝혀진 것은 그로부터 50년 이란 시간이 지난 후였다.

1864년 영국 천문학자 윌리엄 허긴스는 프라운호퍼가 발견한 검은 띠가 바로 그 빛을 방출하는 별의 원소가 만들어내는 흡수선 이라는 것을 밝혀냈다. 다시 말해서 별은 자신이 지니고 있는 특정 원소를 불태우면서 그 원소의 특정 파장만을 흡수하는 경향이 나타 나는 데, 그 빛을 스펙트럼으로 분석하면 이 별이 지닌 원소의 성질 을 알 수 있는 것이었다. 이로써 인류는 빛의 스펙트럼을 통해서 우 주의 비밀을 알 수 있는 열쇠를 찾아낸 것이다. 그래서 프라운호퍼 의 실험은 훗날 맥스웰의 전자기력, 그리고 아인슈타인의 상대성이 론이 탄생하게 되는 토대를 만든 것이기도 하다.

2001년에 발사된 우주배경복사탐사선(WMAP)이 우주에는 137 억 년 전에 빅뱅이 있었고, 우주는 수천억 조분의 1초도 안 되는 짧 은 시간에 엄청난 팽창을 일으키며 우주배경복사를 통해서 현재의 우주로 팽창된 것이라고 밝힌 것도 프라운호퍼 선을 분석한 결과에 따른 것이다.

현대 천문학은 스펙트로스코프로(分光分析)를 통해서 약 2만 5,000개 정도의 별빛 스펙트럼을 볼 수 있게 되었고, 수십억 광년 너머에 있는 별들이 방출하는 빛의 스펙트럼만 가지고도 별을 구성 하고 있는 원소를 파악할 수 있게 되었으며, 그 별의 나이, 크기, 성 질, 미래를 알아서 맞출 정도로 발달했다.

'만능천재' 레오나르도 다빈치에 가장 근접했던 역사상의 인물은 누구일까? 나라나 사람에 따라 평가가 다르겠지만, 독일인들은 주저 없이 프라운호퍼를 꼽는다고 한다. 그는 프라운호퍼 선을 발견한 과학자이자, 광학렌즈를 개발한 발명가였고, 로열글래스라는 회사를 세워 사업가로도 성공했던 인물이다. 그는 실용주의를 중시하는 독일인들이 꼽는 최고의 '융합형 인간'이었다.

노벨상을 거부한
유일한 작가

장 폴 사르트르

★ **장 폴 사르트르(Jean-Paul Sartre, 1905〜1980년)**

많은 사람들이 사르트르를 주저하지 않고 20세기 프랑스를 대표하는 인물로 꼽고 있다. '사르트르 평전'을 쓴 베르나르 앙리 레비도 프랑스의 20세기를 '사르트르의 세기'라 규정하고 있는데 그는 2차 대전의 비참함을 경험한 유럽 사람들에게 〈실존주의〉라는 새로운 사조를 일으켜서 전 생애를 통해 철학·소설·연극·비평 등 다양한 장르를 통해서 전후 불모의 정신계에 큰 반향을 일으킨 사르트르의 재능에 찬사를 보내고 있다.

사르트르의 실존주의는 우리나라 문학에도 지대한 영향을 미쳤다. 실존주의가 유행하던 시절인 50년대 한국 문단에서 사르트르의 영향은 절대적이었으며 80년대 사회 변혁에 대한 실천적 관심이 커지면서, 대학가에서는 그의 〈지식인을 위한 변명〉이 필독서로 대접받았다. 1966년 사르트르의 일본 방문 때의 강연 내용을 담고 있는 이 책은 참된 지식인이 무엇인지를 설득력 있게 설파한 명저다. 문학 평론가 김윤식은 "사르트르와 우리 세대"라는 글에서 "사르트르는 우리 세대에게 선택을 요구한 것이 아니라 일종의 정열을 제시해주었다."고 회고하고 있다.

해마다 가을이 깊어가는 10월이면 노벨상 수상 소식이 들려온다. 노벨상은 세계에서 가장 권위 있는 상으로 그것을 수상한 본인은 물론 그 사람의 조국에도 커다란 영예를 가져다주는 상이다. 특히 노벨문학상은 전 세계 독서인들의 커다란 관심 속에서 가장 인기가 높은 상이다.

1964년, 스웨덴 한림원은 노벨문학상 수상작가로 프랑스의 작가 장 폴 사르트르를 선정했다. 사르트르의 문학적 업적을 생각할 때 그것은 당연한 것이었다. 그러나 사르트르는 이 상을 받는 것을 거부함으로써 세계인들을 깜짝 놀라게 했다. 지식인이 누릴 수 있는 최고의 명예를 거절한 그의 행동은 거대한 스캔들로 전 세계를 강타했다. 그는 자신의 노벨상 거부에 대해 세계 여론이 분분하자 이렇게 자신의 입장을 밝혔다.

"나는 노벨문학상 수상거부가 스캔들적인 면에서 받아들여지고 있음을 무척 유감으로 여긴다. 이번 수상거부는 즉흥적인 행위가 아니다. 나는 공식적인 영예를 늘 거부해왔다. 스웨덴 한림원은 문학적인 영예에 거액의 상금을 줌으로써 수상자들의 어깨에 무거운 짐을 얹어주고 있다. 나는 이 문제로 괴로워하고 있다. 나는 그 돈 때문에 자신뿐만 아니라 내 모든 친구들이 공유하고 있는 원칙을 버릴 수 없다는 생각에서 그 돈을 거부하기로 한 것이다."

사실 사르트르는 노벨상뿐만 아니라 '모든 기관'이 주는 영예를 꾸준히 거절해왔다. 그는 전후인 1945년 프랑스가 주는 국가훈장인 레종 도뇌르 상도 거부한 것으로도 유명하다. 2차 대전 중에 레지스

탕스운동으로 공적을 세운 그에게 이 훈장이 서훈되었지만 사르트르는 '정부에 내 친구들이 있다.' 는 이유로 훈장을 거부했다. 뿐만 아니라 그는 프랑스 최고 권위의 교육기관인 '꼴레주 드 프랑스' 의 교수 자리도 역시 거절했다. 그것은 학자적 양심으로 '인맥' 을 등에 업지 않겠다는 같은 이유에서였다.

그는 "작가는 설령 그것이 가장 명예로운 방식이라 할지라도 스스로 기관화되는 것을 거부해야 한다." 라고 말하면서 자신의 존재가 명성으로 포장되어 하나의 권력기관으로 전락하는 것을 막기 위해 온갖 종류의 상을 거부한 것이다.

이런 정신을 지닌 사르트르가 현대 문학과 지성사에 끼친 영향은 실로 지대하다. 사르트르는 이른바 실존주의 문학의 창시자로서 '사르트르를 제외하고 20세기의 문학과 철학, 사상사를 논할 수 없다' 라고 할 정도로 막강한 영향력을 행사한 행동하는 지식인이었다.

그는 대표작인 '구토' , '존재와 무' 를 비롯해서 소설, 희곡, 평론, 시나리오, 철학적 이론 등 방대한 영역에 걸쳐 시대를 초월한 탁월한 작품을 발표했다. 뿐만 아니라 참여 문학의 기수로서 오늘날에도 여전히 찬반의 반향을 일으키고 있다. 사르트르는 지식과 실천이라는 두 문제를 '실천적 지성' 으로 돌파한 지식인이었다.

그는 한때 공산당을 지지하는 글을 썼으나 1956년 소련의 헝가리 침공이 일어나자 '스탈린의 환상' 이란 글을 써서 소련체제의 허구를 통렬하게 비판했고, 조국인 프랑스가 점령한 알제리 사태에 대한 계속적인 반대 운동을 벌였으며, 베트남 전쟁 비판, 쿠바 사태에 대한 항의, 1968년 5월의 프랑스 학생운동에 대한 지지 등 항상 약자의 편에 서서 죽을 때까지 열정을 바쳐 행동하는 지성으로서의 역할을 다한다.

사르트르는 그의 평생의 반려자였던 시몬 드 보부아르와의 계약 결혼으로도 유명한데 당시로서는 파격적이던 그의 애정행각도 기존체제를 조롱하고 비난하고 싶던 무언의 행동이었을 것이다.

사르트르는 20세기를 이끈 가장 위대한 지성인 중 한 사람으로 기억되고 있다.

표준화된 교과목과 학습법을 없애라

요한 하인리히 페스탈로치

★ **요한 하인리히 페스탈로치(Johann Heinrich Pestalozzi, 1746~1827년)**
가정교육을 중요시한 페스탈로치는 이런 말을 남겼다.
"가정은 도덕상의 학교다. 가정에서의 인성 교육은 중요하다. 가정의 단란함이 이 세상에서 가장 빛나는 기쁨이다. 그리고 자녀를 보는 즐거움은 사람의 가장 거룩한 즐거움이다. 가진 것이 없다는 것은 하느님에 접근하는 것이다. 사람이 가난하면 감격하기를 잘한다. 마음이 겸허하기 때문이다. 가진 것이 없고 항상 부족하게 생활한다는 그 자체가 가난한 사람을 겸허하게 하고, 감격하게 하는 것이다. 건강한 몸을 가진 사람이 아니고는 조국에 충실히 봉사하는 사람이 되기 어렵다. 우선 좋은 부모, 좋은 자식, 좋은 형제, 좋은 이웃이 되기 어렵기 때문이다. 자신을 위해서 뿐만 아니라 식구를 위해서 나아가 이웃과 나라를 위해서도 건강해야 한다. 요새를 지키듯 스스로 건강을 지키자. 고귀한 지혜를 가진 사람일지라도 자신에게 순수한 인격이 없다면, 어두운 그늘이 그를 둘러쌀 것이다. 그러나 천한 오막살이에 있을지라도, 교육된 인격은 순수하고 기품 있는 만족된 인간의 위대함을 발산한다. 고난과 눈물이 나를 높은 예지로 이끌어 올렸다. 보석과 즐거움은 이것을 이루어 주지 못했을 것이다. 교육은 사회를 개혁하기 위한 수단이다."

요한 하인리히 페스탈로치는 21세기가 된 지금도 시대를 뛰어넘는 교육 개혁자이자 교육의 아버지로 추앙받고 있다. 우선 그가 주장한 학습이론은 오늘날의 교육적 시각에서 보아도 늘 새롭다.

그는 우선 개인적인 암송학습보다는 모든 교육과정에 '감각'을 통한 교육을 해야 한다고 적극적으로 주장한 사람이다. 그는 여섯 살짜리 아이들을 교실로 몰아넣어 몇 시간씩 앉혀놓고 읽기와 쓰기를 배우게 하는 당시의 교육제도에 개탄을 금치 못했다.

그는 일방적으로 주입되는 교육에 대해 강한 비판을 했고 대신 스스로 느끼고 체득할 수 있는 그림그리기 · 글쓰기 · 노래하기 · 체육 · 모형 만들기 · 수집 · 지도 만들기 등의 참여적 현장학습을 강조였다. 그는 얼마나 빨리 혹은 늦게 배우는가는 중요하지 않다고 설파했다.

16세 때 그는 대학에 들어가 처음에는 목사가 되고자 신학을 공부하였으나 이 무렵 전 유럽을 매혹시킨 루소의 '에밀'을 읽고 감명 받아 진보적인 학생들의 모임인 '애국단'의 일원으로서 학생들 간에 요원의 불길 같이 번진 자유주의와 자연주의의 사상운동을 하다 체포 · 구금당했다. 얼마 후에 풀려나온 그는 대학공부를 포기하고 농촌으로 들어가 교육을 통한 농촌 계몽 사업을 하기 위하여 우선 농업기술을 배웠다.

농촌실습에 자신을 얻은 그는 어느 은행가와 합자하여 농장을 경영하게 되었다. 이 농장에 그는 '노이호프(Neuhof)'라는 이름을 붙였는데, 이것은 '새뜰'이라는 뜻이다. 노이호프 이후 그는 주민들의 몰이해와 동업자들의 배신 등으로 숱한 파탄을 맞이하지만 굴하지 않고 가난한 처지에 있는 빈곤한 농민의 자녀들과 고아들을 위한 교육에 평생 매진한다.

페스탈로치가 중시한 교육의 원칙은 아이들이 반드시 '관찰하기'를 배워야 한다는 것이었다. 그것은 단순히 '보기'를 의미하는 것이 아니라 모든 감각을 동원해서 집중적으로 관찰하는 것을 의미했다. 아이가 직접 사물 하나하나를 다양한 각도에서 만지고, 냄새 맡고, 맛보고, 듣고, 보아야 하고 그것이야말로 살아 있는 진짜 교육이 된다는 것이다.

그는 아이들이 조그만 종이에 연필로 짧은 선을 그려서는 안 된다고 했다. 그는 측량 수업에 자로 재는 것을 도입하여 큰 석판에 분필로 형태를 그리도록 장려했으며, 그들 통해 학생들의 비율감각을 일깨워 주려고 했다. 그는 아이들에게 다양한 손기술을 가르치고자 했으며 교사들은 그림을 그리고, 노래 부르고, 천을 짜고 악기를 연주할 수 있는 능력을 갖추어야 한다고 주장했다.

그는 또한 아이들이 읽기를 배우기 전에 소리를 충분히 들려줘야 한다고 말했다. 그래야만 언어로 리듬과 의미 모두를 잘 표현할 수 있게 되기 때문이다. 쓰는 능력은 그리기가 숙달되면 자연스럽게 따라붙는다고 생각했다.

페스탈로치가 생각하는 교육의 본질은 머리, 가슴, 손을 골고루 도야하여 하나의 인격으로 키워내는 것이다. 그것은 우리식으로는 지육, 덕육, 체육을 뜻하는 것이다.

잘 알려진 대로 아인슈타인은 학창시절 별 볼일 없는 학생이었다. 그는 취리히에 있는 폴리테크닉 인스티튜트에 지원했지만 입학을 거절당했다. 아마도 필기시험에서 떨어졌거나 이전 학교의 학점이 형편없었을 것이다. 그래서 그는 주립 '페스탈로치 인스티튜트'에 지원해서 공부를 했다. 그 학교는 1770년에 페스탈로치가 도입한 교육원칙이 그때까지도 시행되고 있었는데, 과연 그것은 무엇이었을까? 페스탈로치식 '감각훈련'이 없었더라면 인류는 아직도 상대성원리를 발견하지 못했을지도 모른다.

생명의 기원을
밝혀낸 젊은이

스탠리 로이드 밀러

지구를 흔히 '우주의 오아시스'라고 한다. 현재까지 알려진 생명체가 살고 있는 천체는 지구뿐이기 때문이다. 그런데 생명의 씨앗은 어떻게 뿌려진 것일까? 이 문제는 인류의 오랜 숙제였고 아직도 완전히 풀리지 않은 궁금증이다. 지구상에 있는 생명체의 99% 이상은 수소, 산소, 탄소, 질소 등으로 이루어져 있다. 그런 원소들이 여러 방식으로 결합되어 생체분자를 만들고 생명이 탄생되었다. 밀러의 실험은 생명의 기원을 과학적으로 규명하는 출발점이 되었다. 그러나 밀러의 실험 이후 60년이 지난 지금도 생명 기원 연구는 아직도 실패하고 있다. 실험을 통해 아미노산을 만들어낼 수는 있지만 실제로 생명체를 형성할 수 있는 아미노산을 만들어내지 못하기 때문이다. 그래서 창조론자들은 어떻게 생명체가 우연히 저절로 자연 발생할 수 있었는가? 하고 묻고 있다. 그러나 생명의 기원을 좇는 과학자들은 지금도 열심히 연구에 매달려 있다. 이제 생명현상의 연구는 지구 범위를 벗어나 있다. 최근에는 미국과 러시아의 연구진이 화성의 운석 표면에서 생명체 흔적으로 6억년 전의 '나나박테리아' 화석을 발견했다. 생명은 어디서 어떻게 시작된 것일까?

1953년, 당시 25세의 젊은 대학원생이었던 시카고 대학의 스탠리 로이드밀러는 생명의 기원에 대한 기발한 착상을 했다. 그것은 지구에서 생명이 시작되기 전에 존재했던 것과 똑같은 조건을 갖추어 준다면 생명체의 출현에 관한 어떤 실마리를 찾을 수 있지 않을까 하는 생각이었다.

그는 중수소 발견으로 1934년 노벨화학상을 받은 헤럴드 유리 (Herold Urey) 교수의 제자였지만, 유리 교수는 물론, 동료들이 비웃을까봐 은밀히 실험을 진행했다. 그는 시험관을 살균처리한 후, 그 속에 원시 지구의 대기 성분이던 메탄(CH_4), 암모니아(NH_3), 수소(H_2), 그리고 이산화탄소를 집어넣었다. 그는 또 이 실험에서 원시 지구의 상태와 동일하게 해주기 위해서 물을 첨가하고 원시 지구의 번개 대신에 1주일 동안 전기 방전을 통해 에너지를 제공해 주었다.

이 실험은 실제로 놀라운 결과를 이끌어냈다 시험관 속에는 놀랍게도 생명의 필수 성분인 아미노산이 포함된 지방산, 당(sugar)을 비롯한 여러 가지 유기물질이 생성되었던 것이다. 이른바 생명을 잉태한 '원시 수프(primeval soup)'를 만들어낸 것이다. 이 실험은 곧 물질과 생명 사이에 최초의 다리를 놓는 것으로 평가 속에 센세이션을 일으키며 과학계 전체를 뒤흔들어 놓았다. 그렇게 단순한 실험으로 아미노산이 만들어지리라고는 아무도 생각지도 못했던 것이다.

밀러가 행한 실험은 오늘날 모든 생물 교과서에서 볼 수 있다.

이 실험의 의의는 단지 그전부터 인간들이 꿈꿔왔던 공상을 실현시켰다는 데 그치지 않고, 생명 탄생의 새로운 장을 열었다는 데 있다.

이 발견에 따르면, 원시 대기로부터 원시 단백질이 형성되고, 이 원시 단백질은 더 큰 구조물인 거대 분자 유기물을 만들어낼 것이고, 이는 또 다시 더 큰 생물의 구조물인 세포와 같은 물질을 구성하는 메커니즘을 밝혀낼 수 있을 것으로 기대되었다. 이 실험을 통해서 지구에서의 생명 탄생의 비밀을 푸는 시도는 성공적인 듯했다.

그러나 이 젊은 화학자의 실험은 기대와는 달리 그 후로 빛나는 성과를 가져오지는 못했다. 그것은 그가 원시 지구 대기라고 설정했던 대기의 구성 성분과 실제의 원시 지구의 대기 성분이 똑같지 않았기 때문이었다. 실제의 원시 대기는 밀러가 실험에서 전제했던 것처럼 그렇게 단순하지 않았던 것이다. 그것은 밀러가 행한 실험 이후 원시 대기 실험을 바탕으로 하여 RNA나 DNA로부터 단백질을 합성하려 했던 어떠한 실험도 성공 하지 못했다는 사실이 이를 뒷받침한다. 문제는 아미노산을 만들어내는 것이 아니라 단백질을 만드는 것이었다.

실제로 콜라겐이라는 단백질을 만들려면 1,055개의 아미노산을 정확한 순서로 연결해야 한다. 인체에는 100만 가지 이상의 단백질이 있고 아무도 그것이 어떻게 연결되어 있는지 정확하게 알지 못하고 있다. 그렇다고 밀러의 실험이 의미가 없는 것일 수는 없다. 밀러는 실험을 통해서 작은 분자 구조로부터 거대 분자 구조물이 저절로 만들어질 수 있음을 밝혀냈을 뿐만 아니라, 이 거대 분자 구조물은 바로 모든 학자들이 발견하기를 꿈꿔 왔던, 단백질을 형성하는 전구물질이라는 사실도 밝혀냈기 때문이다.

그의 실험의 중요성은 생명의 기원에 관한 문제에 인공적인 과정을 통해서 접근이 가능하며 생명체를 이루는 기본 요소를 인간이 생성시킬 수 있다는 가능성을 열어 놓았다는 점에 있다. 오늘날 과학자들은 실험실에서 상상할 수 없을 만큼 간단하게 생명의 재료가 되는 분자들을 상당수 만들 수 있게 된 것이다.

신념을 위해
목숨을 바치다

조르다노 브루노

★ **조르다노 브루노(Giordano Bruno, 1548~1600년)**

사람들은 브루노가 교회에 의해 화형당한 철학자라고만 알고 있는 경우가 많은데 그는 르네상스 및 근대 사상에 지대한 영향을 미친 저술가이기도 했다. 그가 남긴 '무한자와 우주와 세계, 원인과 원리와 일자, 최소자론(最小者論)' 같은 저작들은 르네상스 사상의 핵심을 대변하면서 케플러와 갈릴레오, 스피노자와 라이프니츠 등에게 결정적인 영향을 미쳤다.

그의 대표작인 '무한자와 우주와 세계'는 다섯 명의 인물이 등장하여 대화하는 형식으로 쓰인 작품으로 대화의 주제가 바로 무한한 전체와 무수한 천체이다. 그 작품 속에는 생명이 충만한 우주가 무한히 생성되는 것으로 전개되고 있는데 이 생명의 무한성은 그에 의하면 자연의 무한한 힘과 능력의 무한한 작용에서 비롯된 것이다. 그는 우주는 무한하고, 신성(神性)은 전 우주를 꿰뚫는 생명을 지닌 영혼이라고 보았던 것이다. 자연에 대한 동경으로 가득 찬 그의 철학은 범신론적인 특징이 강해서 훗날 스피노자의 범신론 철학에 지대한 영향을 미쳤다.

최초로 태양 중심 우주론인 지동설을 주장한 사람은 폴란드의 천문학자인 코페르니쿠스(Nicholas Copernicus)였다. 그는 별들의 움직임을 유심히 관찰한 결과 지구가 태양 주위를 돈다는 사실을 확인했다. 그러나 그는 자신이 그것을 발표할 경우 교회에 이단아로 몰릴 것이 겁이 나서 자신의 가장 중요한 업적인 '천체의 회전에 대하여'(Revolution of the Celestial Spberes)를 임종 직전에야 내놓았다.

그가 죽은 후에 교회는 당연히 코페르니쿠스적인 세계관을 불경스러운 것으로 취급했다. 지동설은 지구를 다른 행성들과 동등한 위치로 끌어내리고 지구가 다른 행성들과 물리적으로 같다는 것을 의미했기에 교회가 도저히 받아들일 수 없는 혁명적 견해였다.

하지만 이탈리아의 철학자인 조르다노 브루노는 교회의 권위에 도전하면서 1584년에 무한의 우주와 세계(of infinity, the universe and the world)라는 책을 펴내, 코페르니쿠스의 우주관을 옹호하고 나섰다. 그는 고대철학을 연구한 도미니크 교단에 속하는 수도사였다. 그는 코페르니쿠스보다 한걸음 더 나아가 태양의 주위에 행성계가 있을 뿐만 아니라 각각의 별들 주위에도 행성계가 있다고 주장하였다.

그는 가설을 이렇게 주장했다.

"요컨대, 자연이란 이렇게 무차별한 것으로 천권(天圈) 같은 것은 공상의 산물이다. 각각의 천체를 움직이고 있는 것은, 거기에 내재하는 자연본성인 '움직이게 하는 영혼'이고, 우주라는 광대한 공간은 어느 곳이나 무차별하며, 그 주변이나 외양을 생각하는 것은 이치에 어긋나는 것이다."

브루노는 천년이상 유럽을 지배하고 있던 아리스토텔레스의 우주관을 전면적으로 부정하고 나섰다. 그는 상하, 중심과 변두리, 제 4원소와 제 5원소 등의 불필요한 개념이나 구분을 모두 제거하고, 중심도 없이 무한하게 전개되는 우주라는 생각을 했다.

그의 우주는 이르는 곳마다 평등하여 무수히 평등한 태양, 평등한 지구, 평등한 세계로 이루어져 있다. 일찍이 이만큼 해방적인 우주론은 없었다. 브루노는 르네상스의 아들로서 기성의 가치, 학문, 권위의 사슬에서 인간정신을 해방하는데 정열을 불태우며 이렇게 주장했다.

"그렇기 때문에 또 나는 자유로우면서 노예가 되고, 쾌락증에 고통을 느끼며, 부자이면서 가난한, 살아있으면서 죽은 자들에게 아무런 선망도 느끼지 않는다. 그들은 자기 몸속에 자기를 묶는 사슬을, 정신 속에 이런 것들을 침몰시키는 지옥을, 영혼 속에 이런 것을 좀먹는 질병을, 마음속에 이런 것을 죽음에 이르게 하는 혼수 상태를 감추고 있다. 뿐만 아니라, 사슬을 풀어 헤칠 용기도, 살아 날 만큼의 인내력도, 한 번으로 쓸어버리는 광휘도, 소생시켜야 할 지식도 가지고 있지 않다. 그렇기 때문에 나는, 피로에 지쳐 험난한 길에서 발걸음을 돌리지도 않고, 나태한 사람처럼 현혹되어 신성한 목표에서 눈을 돌리거나 하지 않는 것이다."

이것은 가히 현대의 혁명가의 말이라고 해도 좋지 않을까! 하지만 교회는 그의 혁명적이고 이단적 견해에 대해 분노하고 있었다. 반종교적인 혐의를 받고 체포되어 7년간 감옥생활을 했으나 자신의 신념을 철회하지 않았다.

1600년, 결국 그는 로마에서 높은 기둥에 쇠사슬로 묶이고, 특별히 제작된 집게에 혀를 물린 채 자신의 진리와 함께 불태워지고 말았다. 사람들은 소크라테스 이후의 사상적 처형이라고 해서 큰 충격을 받았다.

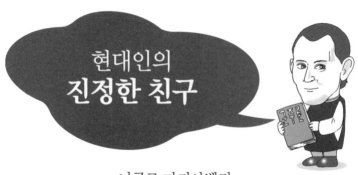

현대인의
진정한 친구

니콜로 마키아벨리

★ **니콜로 마키아벨리(Niccol Machiavelli, 1469~1527년)**

〈군주론〉에는 군주에게 나라를 다스리는 방법에 대해서 과거의 예를 들어서 조언한 내용이 들어 있다. 그는 군주는 신중하기보다 과감한 편이 낫다고 단언했다. 그는 이 책에서 알렉산드로스 대왕, 로마제국의 황제들, 당대의 정치가 체사레 보르자 등 수많은 인물들의 사례를 들고 있는데, 그가 모델로 한 사람은 체사레 보르자였다. 체사레 보르자는 당시 교황 알렉산드로 6세의 아들로서 교황과 프랑스왕 루이 12세의 지원을 등에 업고 비상한 계략과 뛰어난 전술을 통해 빠른 시간에 이탈리아 중부를 정복해 나가고 있었다. 이에 두려움을 느낀 피렌체 공화국은 마키아벨리를 외교사절로 파견하여 그의 의중을 파악하도록 했다. 그런데 그는 이탈리아를 통일하려는 야망을 가진 인물이었고, 마키아벨리가 여태까지 본 군주들 가운데 가장 뛰어난 자였다. 바로 마키아벨리가 찾고 있던 완벽한 군주의 모습이었던 것이다. 비록 조국 피렌체에 위험한 인물이긴 했지만 마키아벨리는 그를 좋아했고 그의 곁에 머무르며 그가 행한 일들을 관찰했고 그 경험이 훗날 군주론을 쓰는 계기가 되었다. 아놀드 하우저는 마키아벨리를 가리켜 "마키아벨리의 의의는 아무리 높게 평가한다고 하더라도 과대평가가 되기 힘들 정도이며 그는 마르크스와 니체와 프로이트의 선구자이며 최초의 폭로적 심리학자"라고 높이 평가하고 있다.

흔히 마키아벨리즘은 목적달성을 위하여 수단과 방법을 가리지 않는 권모술수주의로 알려져 있다. 마키아벨리즘이란 용어는 16세기 르네상스시대 이탈리아의 정치사상가인 니콜로 마키아벨리의 대표작 '군주론'에서 비롯된 것인데, 그는 이 책에서 통치자는 무엇보다도 강력한 권력을 행사해야 하며 민중에게 존경의 대상이 되지 못한다면 차라리 공포의 대상이 되어 효율적인 통치를 해야 한다고 주장했다. 그리하여 마키아벨리는 마치 무슨 음모가인 것처럼 생각되었고, 역사상의 음흉하고 비열한 행위는 모두 마키아벨리즘의 실천이라고 간주되기에 이르렀다.

하지만 정작 마키아벨리 자신은 실패한 정치지망생이었다. 이탈리아의 도시국가 피렌체의 중류가정에서 태어난 그는 피렌체 공화국의 서기관으로 15년 동안 입신출세의 길을 달렸다. 그러나 피렌체 공화정이 무너지고 메디치 가문이 피렌체의 지배권을 장악하면서 그의 출세가도는 막을 내렸다.

그는 공직에서 추방되었을 뿐만 아니라 반역혐의로 체포되어 고문을 받기도 했다. 1513년 4월, 그는 무혐의로 풀려나기는 했지만 피렌체에서 쫓겨나 머나먼 시골에서 끼니를 걱정해야 하는 귀양 생활을 해야 했다. 마키아벨리는 그때부터 빈곤과 실의 속에서 독서와 저술활동에 전념하게 된다.

마키아벨리는 무슨 일이 일어날 때마다 미봉책으로 눈앞의 위기를 모면하는 데 급급했던 피렌체공화국 지도자들의 한심한 작태가 피렌체 공화정이 무너진 원인이라고 분석하고 날카롭고 냉철한 통찰력으로 통치자가 나라를 다스리는 방법을 저술했다.

마키아벨리는 절친한 친구였던 프란체스코 베트리와 편지를 주고받으면서 그 책을 집필했는데 그것이 근대 정치학을 개척한 획기적 문헌으로 높이 평가되고 있는 '군주론'이다. 그는 그 책에서 권력은 어떻게 획득하고 유지할 것인지 그 방법과 수단을 열거하고, 효율적인 통치를 하기 위해서는 수단과 방법을 가리지 않는 강력한 힘을 행사해야 한다고 주장했다. 그는 정치는 도덕으로부터 구별된 고유의 영역이라고 설파하고, 더 나아가 당시 내부 분열과 외국의 간섭으로 인해서 정치적 혼란 상태에 빠진 이탈리아를 구하는 것은 강력한 군주에 의한 이탈리아 통일이라고 호소했다.

마키아벨리는 다시 재기하기 위해서 '군주론'을 메디치가의 군주에게 바쳤으나 받아들여지지 않았다. 그런 그에게 기회가 오는 듯했다. 14년 동안 절취부심하며 실업자 생활을 한 끝에 다시 피렌체 공화국이 세워지자 그는 서기관으로 선출되기 위해서 후보로 나섰다. 하지만 국회투표에서 555대 12라는 큰 표 차이로 낙선하고 말았다. 그는 그 충격에서 헤어나지 못하고 쓰러져서 아내와 여섯 자녀를 가난 속에 남겨두고 12일 후에 숨을 거두었다.

하지만 그가 은둔 생활 속에서 저술한 '군주론'만큼 서양 정치사에서 막강한 영향력을 끼친 책은 없을 것이다. 마키아벨리는 '군주론'에서 "인간은 태어나면서부터 허영심이 강하고, 타인의 성공을 질투하기 쉬우며, 자신의 이익 추구에 대해서는 무한정한 탐욕을 지닌 자"라고 설파하고 "대중은 배은망덕하고, 변덕스럽고, 거

짓되고, 겁쟁이이며, 탐욕스러운 자들"이라고 규정하고 있는데 그
것은 우리 현대인들에게도 들어맞는 말 같다.

로마인 이야기의 작가 시오노 나나미는 인간과 권력의 속성을
예리하게 간파한 마키아벨리를 '나의 친구 마키아벨리'라고 부르
며 대단히 높이 평가하고 있다. 마키아벨리는 무자비한 권력을 옹
호한 정치이론가로 알려져 있지만, 현대인의 모습을 가장 잘 꿰뚫
어 보고 있는 가장 가까운 친구가 아닐까 싶다.

빛나는
예술혼

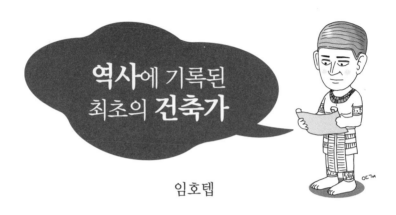

역사에 기록된
최초의 **건축가**

임호텝

★ **임호텝(Imhotep, ?~?)**

영화 '미이라'에는 임호텝이 흉악한 존재로 등장하고 있다. 그것은 1922년, 영국의 고고학자들이 투탕카멘의 무덤을 발굴할 때 드러난 투탕카멘의 문양에 '왕의 사후세계를 방해하는 이들은 임호텝의 이름으로 저주를 내린다.'는 문장이 있었고, 실제로 사람들이 죽기 시작했기 때문이다. 그때 '임호텝의 저주'라는 말이 생겨서 임호텝이 악마적 이미지로 인식되었다. 그러나 1931년 새롭게 해독된 고대 이집트의 문양에 의해 임호텝은 저주의 마법사가 아닌 피라미드 시스템을 만들어낸 건축가였다는 사실이 밝혀졌다. 그가 남긴 피라미드를 보면 현대의 건축 설계자들도 놀랄 만큼 정교한 석공 건축술을 담고 있다. 그가 피라미드에 사용한 기하학은 그가 신의 경지에 올랐다고 착각할 정도의 신비를 숨겨 가지고 있었다. 살아 생전 이룩한 업적에 의해 후세에 신으로 추앙받은 임호텝은 죽은 뒤 그리스와 바빌론 등지에서 에스클레피어스라는 이름으로 불리며 신으로 섬겨졌고, 그가 남긴 건축 기술은 후에 바빌론으로부터 출발한 프리메이슨들에게 전수되었다.

어떤 일에 대해서 뛰어난 불멸의 업적을 남기면 그 사람은 전설이 된다. 인류가 남긴 최고(最古), 최대(最大)의 건축물로 알려진 피라미드를 최초로 만든 사람 임호텝이 그런 사람이다. 기록에 의하면 그는 기원전 2600년 경 멤피스에서 활동한 이집트 제3왕조의 재상으로 알려져 있다.

그는 제3왕조의 2번째 왕 조세르(BC 2630~2611재위) 치하에서 재상을 지내면서 건축가, 천문학자로도 활약했다. 조세르는 이집트 왕들 중 가장 뛰어난 군주의 한 사람이었다. 임호텝은 당시의 신앙에 따라 파라오가 죽어서도 나라를 다스릴 수 있도록 죽은 파라오의 혼이 하늘로 올라가기 위한 계단을 구현시킬 무덤을 만들 생각을 했다. 그것이 카이로 부근의 사카라 지역에 있는 '계단식 피라미드'이다.

이 피라미드는 지금까지 전해 내려오는 석조 기념물 중 세계에서 가장 오래된 것으로 6개의 계단에 높이는 61m에 이른다. 당시 이집트인은 태양의 운행이나 수목의 번식에서 생명의 불사(不死)와 부활을 믿었고 시체를 미라로 만들어 보존했는데, 임호텝은 놀라운 기하학적 지식과 현대의 건축 설계자들도 놀랄 만큼 정교한 고도의 석공 건축술로 피라미드를 축조해 냈던 것이다.

수천 명의 노예와 수많은 병사가 건축 작업에 매달려서 노역을 치른 탓에 후세의 사람들은 피라미드 사업이 인민을 착취한 잔학한 행위라고 비난을 하기도 하지만, 피라미드는 오늘날에도 여전히 놀라움을 금할 길 없는 건축물이 아닐 수 없다. 당시 진흙 벽돌집에서 살았던 사람들에게 60m 높이의 웅장한 피라미드는 그 무엇과도 비교할 수 없는 기적이었다. 그가 만든 피라미드는 외형만이 대단한 것이 아니라 내부의 복잡한 구조물은 더욱 대단하였다. 그는 내부를 아주 섬세하게 미로처럼 설계해서 축성함으로써 놀랍도록 현대적이고 뛰어난 건축물이란 평가를 받고 있다.

이 거대한 구조물의 각 모서리는 동서남북 방위가 완벽하게 맞춰져 있었다. 또 각 변은 약 230m로 오차가 20cm도 되지 않았다. 따라서 피라미드가 나중에 세계 7대 불가사의에 포함된 일이나, 지금까지도 피라미드만이 세계 7대 불가사의 중에서 유일하게 그 자리를 여전히 지키고 있다는 일은 전혀 놀라운 일이 아니다.

그는 자신이 만든 이 기적의 구조물에 자신의 이름을 새겨 넣음으로써 역사에 기록된 최초의 건축가가 되었다. 그러나 그가 지은 건축물의 위대함은 건축 기술 자체보다는 사회적이고 역사적인 면에서 찾아야 할 것이다.

피라미드의 건축 후 이집트에서는 '신(神)이 되는 왕'에 의한 통치사상이 더욱 널리 퍼졌으며, 토지 측량, 토목, 건축의 기술의 진보는 석제용기, 동제품(銅製品), 귀금속, 보석 가공 등의 공예 수준을 높은 수준으로 끌어 올렸다. 이집트는 정부 조직과 행정 체계, 건축과 토목 기술, 예술 등 모든 면에서 발전을 이룩했으며, 이집트인들의 문자 체계인 히에로글리프도 정비되었고, 1년을 365일로 하는 달력이 완성되었다.

피라미드는 당시 파라오가 통치하던 이집트의 국력이나 자신감을 보여 주는 가장 확고한 증거다. 당대 사람들에게 임호텝이 만든 피라미드는 너무나도 인상적인 것이었고 사람들은 그를 신적인 능력을 가진 사람으로 믿기 시작했다. 그는 훗날 그리스 시대에도 의술의 신으로 여겨졌고 천문학자, 성직자, 현자로도 추앙받았다.

영국의 역사학자 폴 존슨은 임호텝을 "그 누구도 혼자서 문명 창조에 더 정확하게 말하면 가시적 형태의 문명 창조에 이처럼 기여한 사람은 없다."고 평가하고 있다.

철의 마술사

에펠

⭐ 에펠(Eiffel, Alexandre Gustave, 1832~1923년)

에펠 탑의 건축을 강력하게 반대하던 사람 중에는 당시 프랑스의 대표적 소설가인 모파상도 있었다. 그런데 그는 에펠탑이 완공된 후, 이 탑의 카페에서 식사를 즐겼는 데, 이유를 묻는 질문에 이렇게 대답했다고 한다.

"파리 시내에서 에펠탑이 보이지 않는 유일한 곳이 이 카페이기 때문이지요."

모파상을 비롯한 문화인들이 탑의 건설을 반대한 것은 강철로 만든 구조물이 파리의 스카이라인을 해치고 살벌한 풍경을 연출할 것이라는 염려 때문이었다. 그러나 높이 가 약 320미터나 되는 에펠탑은 유례없는 곡선미를 자랑하며 아름다운 자태를 보여 주었기에 모파상이 에펠탑의 카페에서 식사를 즐기게 된 것이다. 그런데 더욱 놀라운 것은 약 6,400톤에 이르는 이 무거운 건축물이 100여 년이 지나도록 끄떡없이 버티 고 서 있다는 것이다. 에펠탑은 1만 8,038개의 강철 빔과 철판이 주된 부품인데 이 부품들은 길이 15㎝의 작은 강철 못(리벳) 250만 개를 이용해 연결돼 있다. 에펠탑이 100년이 넘도록 그 엄청난 하중에도 불구하고 저렇게 의연히 서 있는 비밀은 엄청나 게 무겁고 두꺼운 강철 빔에 있지 않고 그들을 연결시켜 주는 작은 못에 있다.

사람들은 파리 하면 에펠탑을 떠올린다. 에펠탑 없는 파리를 상상하기 힘들 정도로 에펠탑은 파리의 대표적인 상징물이 되었다. 그러나 처음부터 에펠탑이 그런 영예를 가지리라고 생각한 사람은 아무도 없었다. 그것은 '근대 건축에 철강을 최초로 도입한 철의 마술사' 구스타프 에펠이 있었기에 가능한 일이었다. 그는 '에펠탑'을 통해 고상한 파리의 이미지를 눈에 보이는 형태로 지어 올린 인물이다.

1832년 부유한 가정에서 태어난 에펠의 꿈은 화학자였다. 그러나 그는 20대에 우연히 철도건설 기술자를 만나 철도회사에 취업하면서 그의 꿈이 바뀌었다. 그가 처음 맡은 일은 1858년 보르도 근교의 갈론강에 길이 22m의 철교를 건설하는 일이었다.

너무나 멋지고 튼튼한 교량을 건설하고는 자신감을 얻은 에펠은 1877년 자신이 직접 건설 회사를 세워 포르투갈의 도루 강에 길이 160m의 아치형 철교를 건설하는 등 철제 건축가로서 명성을 쌓아 가기 시작했다.

그는 다리 건설에 철을 최초로 도입해서 성공을 거두면서 철강을 주체적인 재료로 삼는 근대 건축기술의 창시기에 있어서 이론과 실제의 두 방면에서 주도적인 역할을 하게 되었다.

그런 에펠에게 1889년, 프랑스 혁명 1백주년을 맞아 개최하게 된 파리 만국박람회를 상징하는 높이 320m의 거대한 구조물 에펠탑을 건설할 기회가 주어졌다. 그러나 석조건물에 익숙해 왔던 빠리지앙들이나 보수주의 건축가들은 철로 된 탑의 건축을 강력하게 반대하고 나섰다. 프랑스는 미술계, 문학계, 음악계의 유명 인사들로 구성된 '3백인 위원회'를 만들어서 '예술 대 산업'이라는 논쟁에 휩싸였다.

많은 예술가들은 철로 만들어진 탑이 파리의 경치를 해치는 것이라고 해서 심한 반대를 했다. 이 논쟁은 '건축가 대 공학자' 또는 '돌 대 철'이라는 대결적 양상으로 변모했고 파리 오페라극장의 설계자 샤를 가르니에와 에펠 간의 대결의 장이 되었다.

가르니에는 철은 쓸모가 있긴 하지만 결코 '예술적' 작품의 일부가 될 수 없다는 관점을 가지고 있었다. 그가 보기에 철은 건방지고 무미건조하고 저속한 재료였으며 수단은 될지언정 결코 목적이 될 수 없는 것이었다. 그는 철은 석조가 갖는 고전적인 아름다움과는 본질적으로 조화될 수 없는 재료라고 선언하고 에펠을 공박했다.

하지만 에펠은 수많은 반발에도 의지를 굽히지 않고 한 치의 오차나 아무런 사고 없이 완벽하게 탑을 완공했다. 그는 굽힐 줄 모르는 위대한 도전과 그 도전에서 얻어진 영광 때문에 '근대 건축에 철강을 최초로 도입한 철의 마술사, 상상의 힘으로 근대 유럽을 건설한 공학 천재, 에펠 탑과 자유의 여신상을 창조한 불세출의 기술자'로 프랑스인들에게는 국민적 영웅으로 떠올랐다.

그는 그 후에도 다채롭고 혁신적인 아이디어로 끊임없이 새로운 구조물을 구상했고 그의 강렬한 호기심은 건축과 관련한 바람의 문제와 항공역학에 대한 관심으로까지 확장되어 프랑스 항공학 발전에 크게 기여했으며, '자유의 여신상' 내부설계와 '파나마 운하'

건설에도 참여했다. 만년의 에펠은 프랑스뿐 아니라 미국, 그리스, 일본, 세르비아, 러시아, 이탈리아, 헝가리, 오스트리아, 포르투갈, 스페인, 캄보디아, 베트남에서도 국가훈장을 받는 영광을 누렸다.

1923년 12월, 이 '독창적이고 겸손했던 철의 마술사'는 91세를 일기로 숨을 거두었다.

끝까지, 단호하게 싸워 이긴 위대한 예술혼

오퀴스트 로댕

★ **오퀴스트 로댕(Auguste Rodin, 1840 ～ 1917년)**

1881년, 로댕은 프랑스 문인협회로부터 발자크 조각상을 의뢰받았다. 그때부터 로댕은 발자크에 대한 자료를 찾으러 사방팔방으로 뛰어 다니기 시작했다. 생전의 발자크에 대해서 아는 사람들의 증언과 발자크가 잘 다니던 양복점에 들려서 그의 몸치수나 인물의 특징 등에 대한 자료를 수집해서 가능하면 발자크와 가까운 작품을 제작하려고 노력했다. 그는 자세와 옷의 주름에 대한 다양한 실험을 끝마치고 마침내 실감나는 주름으로 장식된 폼이 넓은 옷을 입은 발자크상을 제작했다. 그러나 로댕의 예술적 감성이 농축된 이 작품을 본 문인협회 사람들은 발자크의 위용이 나타지 않고 '유령의 모습 같은 조잡한 덩어리'라고 작품 접수를 거부했다. 그래도 그의 작품세계를 잘 이해하였던 문인협회 회장인 에밀 졸라만은 그를 지지했으나 반대파의 입장도 만만치 않았다. 로댕은 그때 자신의 심정을 이런 말로 남겼다.

"만일 진실이 몰락할 수밖에 없는 운명을 타고난 것이라면 후세인들은 나의 '발자크'를 파괴할 것이다. 그러나 진실은 영원한 것이므로, 나는 나의 작품이 받아들여지리라 장담할 수 있다. 사람들이 비웃는 이 작품, 마음먹은 대로 부수기가 여의치 않으니까 기를 쓰고 조롱하는 이 작품은, 나의 필생의 역작이며 미학적 동력이다. 이것을 창조한 날부터 나는 새로운 인간이 되었다."

성공한 사람들 중에는 젊은 시절에 빛을 보지 못하다가 나이가 들어 뒤늦게 성공하는 늦깎이가 많다. 그들의 젊은 시절을 들여다보면 비참할 정도로 가난하고 힘들었던 순간들이 점철되어 있다.

가장 위대한 조각가 중의 한 사람으로 알려진 프랑스의 조각가 오귀스트 로댕이 사람들에게 인정받게 된 것은 쉰 살이 다 되어서였다.

하급관리의 아들로 파리에서 출생한 그는 14세 때 국립공예실기학교에 입학해서 조각의 기초를 닦았다. 그러나 국립미술전문학교 입학시험에 3번이나 낙방하는 바람에 석공노릇을 하면서 조각을 배웠다.

그는 생활비를 벌기 위해 갖가지 부업을 하면서 야간에만 작업에 몰두해야 했다. 로댕은 살롱에 작품을 출품했지만 번번이 낙선했다. 생생하고 사실적인 묘사가 심사위원들에게 거부감을 주었던 것이다. 로댕은 석공으로 밑바닥 생활을 하면서 이를 악물고 견뎌냈다.

그는 마흔 살이 다 되어 '청동시대'라는 작품을 출품했는데, 그 작품이 너무도 박진감이 넘치고 산 사람처럼 사실적으로 묘사된 탓에, 살아 있는 모델에서 직접 석고형을 뜬 것이 아니냐는 근거 없는 비난을 받게 되었다. 작품이 너무도 빼어나 오히려 심사위원들의 의심을 산 것이다.

"이 작품은 산 사람의 몸에서 바로 본을 떠서 만든 것임에 틀림없소. 이건 작품이 아니라 사기요!"

이런 어처구니없는 이유로 그의 작품은 심사에서 제외되고 말았다. 일은 거기서 끝나지 않았다. 이 작품의 예술성을 이해하지 못한 신문과 잡지를 비롯해 일반인들까지 합세해 로댕을 사기꾼이라고 비난을 퍼붓고 나선 것이다. 로댕은 비참한 심정에 빠지지 않을 수 없었다. 그럼에도 로댕은 조금도 개의치 않고 묵묵히 자기 일에만 매달렸다. 그는 사람들에게 이렇게 말하곤 했다.

"비록 지금은 인정받지 못하지만, 언젠가는 인정받는 날이 오겠지. 느리다는 것은 일종의 미덕이라네."

결국 로댕의 결백과 예술성은 그로부터 몇 년이 흐른 뒤에야 밝혀졌다. 다시 살롱에 출품한 '청동시대'를 보고 한 심사위원이 말했다.

"비록 사기일지는 모르지만, 그 사기 솜씨가 실로 절묘하지 않습니까?"

그는 다른 심사위원들을 설득해서 로댕의 작품을 3등으로 입선시켰다. 그러나 사람들의 오해는 거기서 끝나지 않았다. 로댕이 여러 걸작을 세상에 선보일 때마다 그의 작품성을 이해하지 못하는 사람들의 온갖 악평들이 쏟아졌다.

보통 예술가라면 자신을 사기꾼으로 몰아대는 그런 엄청난 비난을 도저히 견뎌내지 못했을 것이다. 그러나 로댕은 집요한 악평에도 개의치 않고 자기 일에 대한 노력을 그치지 않고 계속해 나갔고, 끝까지 단호하게 싸워 위대한 예술혼을 증명해 보였다. 그의 태도는 의연한 것이었지만 목숨을 건 자제력이었다. 그의 태도는 극히 예민한 성

격의 예술가로서는 보기 드물 만큼 넓은 도량을 보여준 것이었다. 그
것은 최고의 예술이라는 목표가 있었기에, 인내를 가지고 그 목표에
집중했기에 가능한 일이었다. 로댕의 예술에 대한 의연한 태도는 예술
에만 한정된 문제가 아니었다.

　말년에 이르러 로댕은 비로소 가장 위대한 조각가로 평가 받기 시
작했는데 어떤 사람이 로댕에게, "당신은 천재야."라는 말을 하자, 그
는 이렇게 받았다. "천재라고? 그런 것은 없어. 오직 공부가 있는 뿐
이야." 로댕이야말로 가장 성숙하고 강한 사람이었다. 그래서 그는 인
간의 생명을 뛰어넘어 영원히 계속되는 웅대한 예술혼을 인류에게 남
길 수 있었다.

전설적
포토저널리스트

로버트 카파

> ⭐ **로버트 카파(Robert Capa, 1913~1955년)**
>
> 그는 전쟁 속에 태어나 짧은 생애동안 5번의 전쟁에 참여하며 전쟁에서 목숨을 잃었다. 그리고 그는 자신의 사진 동료이자 사랑했던 여자친구 '게르다' 역시 전쟁에서 잃은 불운한 사진작가다. 그는 '게르다'를 잃은 후 결혼도 하지 않고 전쟁터를 누볐다. 카파에게 다른 사진작가들은 묻곤 했다.
>
> "왜 내 사진은 당신 사진보다 못하지요?"
>
> "자신이 찍은 사진이 마음에 들지 않는다면, 너무 멀리서 찍었기 때문이지요. 한 발 더 가까이 가서 찍으세요."
>
> 그는 항상 사물에, 인간에 가까이 있었다. 특히 전쟁의 한복판, 그곳에 카파가 있었다. 노르망디 상륙작전의 그날, 철썩이는 파도소리, 'Go, Go, Go'를 외치는 중대장의 목소리, 장갑차의 문이 열리고 노르망디해변에 첫 발을 디디는 순간, 그 순간에도 그는 가까이 있었다.
>
> "어둠 속에서는 아무것도 보이지 않았다. 다만 자기 앞의 동료가 내는 발자국 소리만 들릴 뿐이었다. 한발 한발 걸음을 내디딜 때마다 군화는 점점 더 무거워지고, 공포감은 위장을 작은 공 크기로 오그라들게 했다. 얼굴에서 흘러내린 땀이 이른 새벽의 이슬과 뒤섞였다. 그때부터 편안한 집이 사무치게 그리워지기 마련이다."

로버트 카파의 삶은 매순간이 삶과 죽음을 가르는 결단의 순간이었다. 그는 전쟁 속에서 태어나서 전쟁 속에서 사라진 사진작가다. 그는 1913년 헝가리의 부다페스트에서 양복점을 하는 가난한 유태인의 아들로 태어났다.

그는 학생시절 유태인 차별 정책과 공산주의에 동조했다는 이유로 조국에서 쫓겨났고, 베를린에서 정치학을 공부하기도 했으나 독일어에 능통하지 못해서 세계 공통의 언어인 사진의 세계에 자연스럽게 몰입했다. 1933년 히틀러의 나치가 집권하자 그는 또 다시 프랑스 파리로 망명해야만 했다. 시대적 상황과 개인적 상황이 맞물려, 끊임없이 쫓기면서 자신의 갈 길을 선택해야 했던 그는 20세기 중반에 벌어졌던 5개의 전쟁을 취재하면서 자신의 진가를 발휘했다.

카파의 이름을 세상에 처음 알린 것은 1936년 스페인 내란에서 찍은 '병사의 죽음' 이었다. 그 사진은 한 병사가 돌격하기 위해 참호 속에서 뛰쳐나가다가 머리에 총탄을 맞고 쓰러지는 장면을 찍은 것인데, 그 사진이 '라이프(Life)' 지에 실리면서 카파는 사진작가로서의 명성을 얻기 시작했고, 평생 포토저널리스트로써 살게 만들었다.

카파 이전에도 이후에도 전쟁을 찍은 사진작가는 많았지만 카파만큼 현대 사진작가들에게 많은 영향을 끼친 작가는 드물다. 그것은 카파가 전쟁의 한가운데서, 전쟁의 가장 가까운데서 생명을 내던져가며 전쟁이라는 가장 급박한 상황을 포착해 낸 탓이다. 그의 출세작이 된 '병사의 죽음' 같은 경우 돌격하는 병사의 가장 가까이에 있지 않았다면 그는 그 순간을 잡지 못했을 것이다. 그는 공수부대의 낙하 장면을 촬영하기 위해 포탄이 작렬하는 가운데 직접 낙하산을 타고 사진을 찍었고, 지뢰를 잘못 밟고 죽어가는 순간까지도 카메라의 셔터를 누른 사람이었다.

1944년 6월 6일, 2차 세계대전의 상황을 완전히 역전시켜버린 노르망디 상륙작전이 벌어진 오마하 해변에서 카파는 병사들과 함께 물속에서 허우적대며 두 대의 라이카 카메라를 들고 106여 장의 사진을 찍었다. 필름을 전해 받은 라이프지의 암실 담당자가 흥분한 나머지 실수를 해서 겨우 8장의 사진만을 인화할 수 있었는데, 이것이 오히려 더 유명한 사진이 되었다.

라이프지는 그의 사진에 '카파의 손은 떨리고 있었다(Slightly out of Focus)'라는 카피를 달았고, 그 사진들은 훗날 영화 <라이언 일병구하기> 모티브를 주기도 했다. 그 사진들은 거칠고 흔들리고 핀트도 맞지 않은 사진들이었지만, 그 사진에서는 당시의 절박했던 상황이 더욱 절실히 묻어나고 있어서 제2차 세계대전의 보도사진 중에서 최고의 걸작으로 꼽히고 있다.

카파는 단순히 사진만을 잘 찍는 작가가 아니었다. 그는 "만약 당신의 사진이 마음에 들지 않는다면, 그것은 너무 멀리서 찍었기 때문이다(If your pictures aren't good enough, you're not close enough.)"라는 아주 유명한 말을 남길 정도로 철학을 지닌 포토저널리스트였다. 또한 카파의 사진은 그의 카메라 렌즈가 아니라, 그의 눈을 통해서 찍힌 것들이었다. 그는 전쟁을 취재한 경험을 책으로도 펴냈는데 「카파의 손은 떨리고 있었다」로 소개된 그 책은 종군기자를 비롯한 많은 사진작가들의 바이블이 되었다.

카파는 1954년 인도차이나 전쟁을 취재하던 도중 지뢰를 밟아 41세의 젊은 나이로 생을 마감한다. 그는 죽는 순간에도 카메라를 손에 움켜쥐고 있었다. 그런 그의 혼은 카파이즘이란 기자정신으로 남아서 전장을 누비는 다른 사진기자들의 정신에 영원히 살아 있을 것이다.

스스로
배신하지 마라

조르지오 아르마니

★ **조르지오 아르마니(Giorgio Armani, 1934년~)**

그는 쓸데없는 군더더기를 없앤 편안하면서도 세련된 스타일의 의상을 선보이며 세계적인 톱스타들을 단골 고객으로 둔 패션 디자이너다.

그는 현재 자신만의 패션 철학과 사업 노하우를 토대로 세계 4천 700여 명의 직원과 13개의 공장을 거느린 거대 패션 그룹 '조르지오 아르마니 SpA'를 설립해 CEO이자 디자이너로 왕성한 활동을 벌이고 있다.

완성도 높은 의상으로 유명한데 인체와 옷의 관계를 어떻게 보는가?

"처음 옷을 만들 때는 남자와 여자 모두 그 옷을 통해 멋있어지기를 바라는 마음으로 디자인을 했고 자연히 의상과 인체의 관계를 연구하게 됐다.

사람의 몸이 아름답게 보이는 방법에는 2가지가 있다.

하나는 인체 그대로의 모습으로, 즉 옷을 벗김으로써 아름다움을 추구하는 것이고 다른 하나는 옷으로 몸을 아름답게 꾸밈으로써 인체가 멋지게 보이게 하는 것이다. 나는 후자를 택했기 때문에 옷 안에서 사람의 몸이 편안하게 움직일 수 있고 그 옷을 통해 인체가 더욱 아름다워 보이는 디자인을 추구해왔다."

디자인은 배운 적도 없다. 의사가 되기 위해 밀라노대학 의학부에 들어갔으나 중퇴하고 백화점 직원이 되었다. 7년 동안 남성복 코너의 디스플레이를 담당하면서 디자인에 눈을 떴다. 그의 아방가르드(Avant-garde)한 디스플레이에 매혹된 패션 회사 니노 세루티(Nino Cerruti)의 중역이 그를 스카우트해서 남성복 디자이너의 길을 걷게 했다.

그는 여기에서 8년간 텍스타일 기술에 대한 폭넓은 지식과 디자인의 기본 테크닉을 배울 수가 있었다. 그 사람이 바로 20세기 후반에 세계 남성복과 여성복에 일대 혁명을 몰고 온 '패션의 혁명가' 조르지오 아르마니다. 그는 1972년 첫 컬렉션을 가진 이후, 1974년에 처음으로 '아르마니'라는 이름으로 남성복 브랜드를 만들고, 1975년 영화 '토요일 밤의 열기'의 의상을 담당하면서 일약 패션계의 기린아로 두각을 나타내기 시작했다.

아르마니는 탁월한 통찰력으로 딱딱하기만 한 남성복에 일대 혁신을 가했다. 그는 과감하게 재킷 속의 패드와 안감을 떼어내고 몸 위에 자연스럽게 걸쳐지는 옷을 만들어 냄으로써 '모던 클래식'의 원조가 되었다. 격식에 얽매이지 않으면서 최고의 품위를 지켜주는 그의 디자인은 할리우드 배우들에게 선풍적인 인기를 끌었고, 아르마니는 유명배우에게서 광고효과를 얻는 최초의 디자이너가 되었다.

그의 디자인 철학은 과장된 기교 없이 정수만 압축시킨 단순함과 우아함을 추구하는 것이었는데 그는 재킷의 해체를 통해서 남성에게는 편안함을 주었고 동시에 커리어우먼에게는 권위를 부여했다. 실용적이고 고급스러운 아르마니 재킷은 곧바로 그에게 '재킷의 왕' 이라는 칭호를 안겨주었다.

그는 1981년 '타임'지의 표지 인물이 되었고 '월스트리트 저널'은 그를 '맨해튼의 정복자'라고 표현했다. 아르마니는 자신의 디자인 철학을 이렇게 말하고 있다.

"디자이너로서 나의 목표는 옷 안에서 사람의 몸이 편안하게 움직일 수 있고 그 옷을 통해 인체가 더욱 아름다워 보이는 의상을 디자인하는 것이다."

그러한 철학에 따라 그는 인체곡선을 따라 흐르는 옷을 만들어 냈는데, 그의 옷은 접착심지와 패드를 사용하지 않아서 일반 옷의 1/2무게로 옷 한 벌당 200~500g을 넘지 않는 것이 특징이다.

그의 옷은 자연스러움을 기본으로 낮은 톤의 보색대비와 부드럽고 편한 실루엣, 넉넉하고 단아한 디자인으로 일관하는 탓에 유행을 타지 않는 것 같지만 결국 사람들의 폭넓은 지지를 얻어서 전세계에 매장을 내게 만들었다.

그의 옷은 현대적이고 화려하지만 절제되고 차분한 재킷으로 기술과 예술의 완벽한 조화를 이룬 탓에 보통사람에게는 스타가 된 듯한 기분을 느끼게 하고 스타에게는 보통사람의 기분을 맛보게 한다는 평을 받고 있다.

아르마니의 디자인은 패션에만 머물지 않았다. 그는 여성복, 남성복, 스포츠웨어는 물론 시계, 가구, 향수, 화장품 등으로 꾸준히 사업을 확장하면서 이탈리아에서는 교황에 버금가는 숭배를 받는 존재가 되었다. 하지만 그는 한 곳에 안주하는 것은 스스로를 배신하는 일이라며 자신을 이렇게 표현하고 있다.

"나는 시스템을 받아들이지 않으려고 하는 혁명가다. 나는 과장, 억지, 거짓된 열광 따위를 참지 못한다."

아르마니는 70대 중반의 나이에도 불구하고 흰머리에 선텐을 한 붉은 얼굴, 탄탄한 근육질의 몸매로 정력을 과시하며 지금도 현역에서 뛰고 있다. 최근 아르마니는 삼성전자와 손을 잡고 합작품인 '아르마니/파브 TV'를 선보이기도 했다.

죽음 앞에서
다시 태어난 **작가**

도스토예프스키

★ **도스토예프스키**(Fyodor Mikhailovich Dostoevskii, 1821~1881년)

1864~1865년은 도스토예프스키에게 불행이 잇따른 시기였다. 아내와 형이 죽었으며, 운영하던 잡지는 도산하고 그는 빚더미에 짓눌렸다. 감옥에 갇힐 위기에 놓인 그는 출판업자에게 원고료를 선불 받은 후 외국으로 도망쳤다. 상습 도박꾼이었던 그는 이번에도 도박에 빠지고 말았다. 그는 독일 비스바덴의 도박장에서 가진 돈을 몽땅 잃고 옷을 저당 잡힐 수밖에 없는 신세가 되었다. 다급해진 그는 한 잡지 편집장에게 '죄와 벌'이라는 소설을 써줄 테니 선금을 달라는 편지를 보냈다. 다행히 돈이 도착했고, 그는 1865년 10월에 러시아로 돌아와 집필에 들어갔다. 그런데 그는 그 소설을 1개월 안에 완성해야 했다. 계약을 어겼을 경우에는 가혹한 벌금을 물도록 되어 있었다. 그는 미친 듯이 소설을 써서 원고를 넘겼다. 이 소설이 바로 세계적 명작이 된 〈죄와 벌〉이었다. 이 작품은 살인을 다룬 흔해빠진 추리소설 속에 주목할 만한 철학적·종교적·사회적 요소들을 집어넣은 것이었는데 발표되자마자 큰 성공을 거두었다. 이 소설의 강렬한 문체와 정밀한 구성, 그리고 인간의 가장 어두운 내면을 예리하게 조명한 심리묘사가 독자들을 매료시켰던 것이다.

도스토예프스키는 세계에서 가장 위대한 작가로 손꼽히고 있다. 그의 작품은 인간이 가지고 있는 궁극적인 문제를 주제로 다루면서 인간심리의 내면을 비상한 정도로 극한까지 파헤쳐 들어가 예리하게 묘파함으로써 현대인의 사상과 문학에 깊은 영향을 끼쳤다. 도스토예프스키를 다른 소설가들과 확연하게 구별 짓도록 만든 것은 그가 28세 되던 해에 겪었던 참담한 체험 탓이었다.

1847년경부터 그는 '유토피아 사회주의자' 단체인 '페트라셰프스키회(會)'에 참여해서 정치적인 토론을 벌이고 있었다. 그 모임은 당시 러시아의 큰 사회문제인 농노제 폐지, 검열제도 폐지, 재판제도의 개혁 등을 논의하며 사회주의 이상을 러시아에 실현시키는 꿈을 꾸는 비밀결사였다. 그러나 꿈을 펼쳐보기도 전에 그 단체는 당국에 의해 발각되었고 도스토예프스키는 동료 33명과 함께 체포되어 농민반란을 선동했다는 혐의로 사형 선고를 받았다.

1849년 12월, 도스토예프스키는 상트페테르부르크 광장의 사형집행대에 서게 되었다. 그의 얼굴에는 두건이 씌워졌고, 병사들의 소총이 그의 가슴을 겨누고 있었다. 그는 여섯 번째였고 이미 세 사람은 사형대의 기둥에 묶여 있었다. 눈앞이 캄캄하고 온몸이 공포로 조여들어 오는 소름끼치는 그 순간 도스토예프스키는 하늘을 우러르며 맹세했다.

"만약 내가 여기서 살아 나간다면 남은 인생의 1분 1초도 허비하지 않겠다."

그는 헛된 희망이라는 것을 알고 있었지만 희망의 끈을 놓지

251

않았다. 그때 기적이 일어났다. 마차 한 대가 광장을 가로질러오더니 관리가 뛰어내리며 소리쳤다.

"사형을 중지하라. 황제의 명이다. 사형을 중지하라."

죽음을 목전에 두고 있다가 다시 살아난 그는 그날 밤 동생에게 이런 편지를 썼다.

"지난 일을 돌이켜보고 실수와 게으름으로 허송세월했던 날들을 생각하니 심장이 피를 흘리는 듯하다. 인생은 신의 산물… 모든 순간은 영원의 행복일 수도 있었던 것을! 아아 좀 더 일찍, 좀 더 젊었을 때 알았더라면! 이제 내 인생은 바뀔 것이다. 나는 다시 태어날 것이다."

총살형을 면한 도스토예프스키는 4년 동안 시베리아에서 유형생활을 해야 했다. 유형생활은 살을 에는 혹한 속에서 무려 5kg에 달하는 쇠사슬을 다리에 매달고 다니는 혹독한 고문과도 같은 것이었지만 그는 다시 태어난 삶을 값지게 준비하는 시간으로 삼았다.

글쓰기가 허락되지 않았기 때문에 머릿속으로 소설을 써서 그것을 모조리 외워두었다. 그는 시베리아의 옴스끄감옥에서 4년을, 그리고 출옥 후 5년간 중앙아시아에서 사병으로 근무하고 1859년 말 10년 만에 수도 페테르부르크로의 귀환이 허락되어 자유의 몸이 되었다.

그때부터 도스토예프스키는 죽는 날까지 미친 듯한 열정으로 글을 쓰기 시작했다. 유형 생활 10년 만에 돌아온 그는 강인한 혁명가가 아닌, 러시아적 신비주의자로서 신앙심이 깊어져서 서구 물질문명으로부터 러시아를 구원해야 한다는 신념을 가지게 되었다.

그는 도시의 뒷골목과 지하실의 사람들, 가난한 학생, 하급 관리들, 학대받고 고통 받는 사람들, 그들의 고뇌를 치밀하게 묘사하면서 세계 문학사상 가장 위대한 작품으로 꼽히는 '죄와 벌, 카라마조프의 형제들' 등 대작을 잇달아 내놓았다. 그는 누구보다도 앞서 '현대문명 속에서 인간의 파괴'를 갈파한 작가였다.

목숨을 걸고 그림을 그린 예술혼

윌리엄 터너

⭐ **윌리엄 터너(Joseph Mallord William Turner, 1775~1851년)**

터너는 영국 낭만주의 시대 최고의 풍경화가로 평가되고 있다. 그의 그림은 낭만주의적이면서도 사실주의적이고, 나아가서 인상주의를 예고하고 있었으며 표현주의에도 영향을 주었다. 그의 작품의 가장 큰 특징은 자연을 빛과 색채로 환원하여 표현했다는 점에서 오늘날에도 미술사의 수수께끼로 남아 있다. 그는 평생 오로지 그림만 그리며 살았다. 매일같이, 하루 종일 그림만 그렸다. 그의 작품량은 엄청나서 유화는 대단히 크고 정교한 작품을 포함해 거의 1,000점에 이르고, 스케치와 수채화는 무려 2만 점에 이른다. 터너의 작품은 거의 모두 오늘날까지 보존되고 있다. 그가 뛰어난 수완과 열정으로 그림을 시장에 내놓거나 보존을 잘한 덕이다. 그는 거대한 유화를 부유층 수집가에게 가능한 최고액으로 팔았고, 이를 위해 왕립 미술원에서 해마다 전시회를 열었다. 또한 그는 개인미술관을 직접 설계해서 건축하고 그곳에서 그림을 그리며 관리 했다. 1851년 12월 76세의 나이로 생을 마감할 때까지 평생 그림에 빠져 살았다.

진정으로 성공한 사람은 스스로를 채찍질하는 사람이다. 남들이 잠을 자고 재미있게 놀 때 성공한 사람은 깨어나서 홀로 고독하게 자기만의 세계를 개척한다.

영국의 풍경화가 조지프 말러드 윌리엄 터너는 그냥 눈에 보이는 단순한 풍경화만 그린 화가가 아니었다. 그는 수많은 명작을 그렸지만 그 그림을 그리기 위해 그림의 풍경 속으로 들어간 사람이었다.

터너는 강인한 사람이었다. 그는 그림을 그리기 위해 평생 전 유럽을 떠돌아다니며 뜨거운 태양과 북극의 얼음, 추위와 더위, 폭풍우 속에서 작업을 멈추지 않았다. 그는 그림이 될만한 곳은 다 쫓아다닌 덕분에 그의 풍경화는 그전까지 누구도 그릴 수 없는 풍경을 담아냈다. 터너는 자신이 체험한 풍경을 강렬한 터치와 색깔로 토해내듯이 그렸고 그가 그린 대형 풍경화는 당시 예술계 인사들을 깜짝 놀라게 하고 충격에 빠트리곤 했다.

런던에서 그의 그림 전시회가 열릴 때였다. 영국의 소설가이자 목사인 찰스 킹슬리는 터너가 그린 '바다의 폭풍'이란 그림을 보자마자 넋을 잃었다. 그 그림은 그림을 보는 사람이 마치 바다의 폭풍우 한가운데 서 있는 듯한 느낌이 들도록 그려져 있었던 것이다.

"어떻게 이런 훌륭한 작품을 그리셨습니까?"
하고 그는 터너에게 물었다. 그러자 터너는 태연하게 대답했다.

"어느 날 어부 한 사람에게 폭풍우가 닥쳐오면 배를 태워 달라고 부탁을 했습니다. 거센 폭풍이 휘몰아치던 어느 날 배에 오른 나는 갑판 돛대에 나를 묶어 달라고 어부에게 말했습니다. 굉장한 폭풍우였습니다. 배에서 도로 내리고 싶을 정도였으니까요. 그러나 묶여 있는 상태였기 때문에 그럴 수도 없었습니다. 결국 저는 견딜 수 없는 고통을 이겨내면서 폭풍을 직접 온몸으로 생생하게 느꼈을 뿐만 아니라 폭풍우가 제 몸을 감싸 안고 저 자신이 폭풍우의 일부가 되었던 것입니다."

그 말을 들은 킹슬리는 아무 말도 못 하고 눈물을 흘렸다. 그는 목숨을 걸고 예술혼을 불태우는 한 화가의 눈물겨운 열정에 탄복한 것이다. 그렇듯이 터너는 풍경 속으로 스스로 들어가서 순간을 포착하고 그림을 빨리 그렸으며 과격하고 두텁게 자신이 느낀 감정을 표현함으로써 보는 사람의 눈을 휘둥그렇게 만들었다.

터너의 그림은 200여 년이 지난 현대인이 보아도 그 강렬함이 그대로 느껴질 정도다. 그것은 폭풍우를 그리기 위해서 거센 폭풍이 휘몰아치던 바다 한 가운데에 들어가 갑판 돛대에 자신을 묶어놓을 줄 아는 용기가 있었기에 가능한 일이었다. 또한 그것은 자신의 재능에 대한 확신과 인생의 목표에 대한 소명의식이 없이는 불가능한 일이었다. 터너는 단순하게 풍경만을 그린 풍경화가가 아니었다.

그는 단순해 보이는 풍경 속에서 노예 무역, 그리스 독립전쟁, 산업화되고 있는 영국과 같은 사회 문제를 사람의 모습 하나 그려넣지 않고 풀어내는 재능을 가진 사람이었다. 그래서 그는 당대 최고의 풍경화가로 인기를 끌었고 부와 명예를 거머쥘 수 있었다.

터너가 그린 '노예선'이나 '전함 테메레르' 같은 그림은 인간의 고통을 그린 그림이 아니면서도 너무도 깊은 인간적 애처로움을 담아낸 그림으로 오늘날에도 높은 평가를 받고 있다.

터너는 신념이 강한 사람은 반드시 자기의 신념을 현실로 만들어내고 만다는 것을 온몸으로 보여준 화가였다. 그는 끝까지 자신의 신념대로 일을 추진했기 때문에 그런 명작을 그릴 수 있었던 것이다.

서커스를 다시 발명하다

기 랄리베르테

길거리 곡예사에서 단 20년 만에 <포브스>가 선정한 세계 500대 갑부가 된 사나이가 있다. 그는 사양 산업의 전형이라고 치부되던 서커스를 최고의 문화상품으로 바꿔놓은 기적의 사나이다. 캐나다 몬트리올 길거리에서 불을 뿜고 저글링을 하던 곡예사 기 랄리베르테가 그 주인공이다.

그는 1984년, 퀘벡 주 근교에 있는 베생뽈이라는 작은 마을의 길거리 축제에서 아코디언 연주를 하며 불을 뿜는 묘기를 선보이다가 문득 창의적인 발상을 하게 된다. 동물이 등장하지 않는 서커스를 만들자는 것이 그의 발상이었다. 동물을 출연시키지 않으면 서커스에서 가장 많은 비용요소를 제거하는 것이 되었다.

그는 곧바로 길거리 축제에서 발굴한 공연자들을 훈련시켜 '태양의 서커스' 단을 만들었다. 그는 특유의 도전정신으로 서커스에 화려한 디자인을 접목시켜 새로운 차원의 공연을 만들어냈다. '태양의 서커스'는 서커스에 대한 고정관념을 무너뜨렸다.

사람들은 '태양의 서커스'가 보여주는 사람의 몸을 최대한 이용한 서커스에 매료되기 시작했다. 단순히 재주를 넘고 묘기를 부리는 수준을 뛰어넘어 서커스를 어엿한 공연예술로 승화시켰다. 두 시간이 넘는 공연 내내 펼쳐지는 공중 그네의 아슬아슬한 묘기와 간담이 서늘해지는 불춤, 거기에 절묘하게 맞아떨어지는 아름다운 음악을 듣고 있노라면 현실계를 넘어선 판타지 세계에 들어온 듯한 느낌을 받게 된다.

정교한 무대와 화려한 의상, 잘 짜인 구성, 환상적인 조명과 숨

을 멎게 하는 곡예, 완성도 높은 음악 때문에 '태양의 서커스'가 선
보이는 작품은 '아트 서커스'라고 불리기 시작했고 전 세계인의 시
선을 끌기 시작했다.

미라지 리조트 그룹의 회장이던 스티브 윈(Steve Wynn)과의 만
남은 '태양의 서커스'가 세계적인 '아트 서커스'로 명성을 날리는
계기가 되었다. 태양의 서커스의 LA 공연을 본 스티브 윈은 이 새
로운 개념의 서커스가 성공할 것을 확신했다. 그는 그 자리에서 바
로 계약을 체결했고, 태양의 서커스는 도박 도시 라스베이거스를
공연의 메카로 바꿔놓는 계기를 마련했다.

이후 전 세계로 소문이 나면서 상설공연과 순회공연 모두 사람
들의 주목을 받게 되었다. 현재 태양의 서커스는 40개국 이상의 나
라에서 선발한 직원 수 3,000명 이상(900명은 연기자, 300명은 의상 디
자이너, 1,600명은 몬트리올 본사 직원)의 매머드 기업이 되었다.

비틀즈의 음악을 테마로 한 '러브'를 비롯해서 '미스테르, 주
매니티, 오, 카, 퀴담, 알레그리아' 등 태양의 서커스가 개발한 9개
의 프로는 전 세계 100여 개 도시에서 순회공연을 벌이고 있으며,
관람객 5,000만 명을 넘어서는 기염을 토하고 있다.

2008년 10월 서울 잠실종합운동장에서 공연을 벌인 '알레그
리아'는 1994년 캐나다 몬트리올 초연 이후 전 세계에서 1,000만
명 이상이 관람한 것으로 알려져 있다. 상설과 투어 공연 등으로 태
양의 서커스가 거두는 매출액은 무려 10억 달러가 넘는다.

태양의 서커스가 이처럼 전무후무한 흥행의 기록을 올리게 된

데는 무엇보다도 기 랄리베르테의 창의적 사고가 주효했다. 그는 "피카소가 법무부의 승인을 받고 '게르니카'를 그리지는 않았다." 라는 유명한 말로 '자유'와 '크리에이티브'를 강조하며 조직원들을 조련시키고 있다.

그의 명함에는 회장이란 직함 대신에 설립자 가이드라고 적혀 있다고 한다. 태양의 서커스는 2004년 인터브랜드가 시행한 '세계적으로 가장 영향력 있는 브랜드' 조사에서 22위로 선정됐다.

고대 그리스문명의 발견자

하인리히 슐리만

*하인리히 슐리만*은 수천 년 동안 전설로만 내려오던 고대 그리스의 트로이 유적을 발굴한 고고학자이다. 가난한 목사의 아들로 태어난 그는 7세 때 아버지가 준 역사책 속에서 불타고 있는 트로이 성을 보고 강렬한 인상을 받고 트로이라는 고대 역사에 빠져든다. 그는 이때부터 평생 동안 트로이를 발굴, 확인하는 꿈을 꾸게 된다. 하지만 그는 어려운 집안 형편 때문에 학업을 계속 할 수 없었다.

그는 14세 때부터 견습사원, 선원, 노동자 등 다양한 직업을 전전하다가 1864년 러시아로 이주하고 크림 전쟁의 와중에 군수업자로 활동하면서 재산을 모았다. 큰 재산이 모아지자 슐리만은 결단의 순간이 왔다고 느꼈고 조금씩 사업을 정리하기 시작했다. 어린 시절부터 꿈꿔왔던 트로이 유적을 발굴할 계획을 실행해 옮기기 시작한 것이다.

1866년 그는 파리로 이주하여 고대사 연구에 착수하고, 고고학자로서의 견문을 넓히기 위해 튀니스, 스리랑카, 캘커타, 마드라스, 델리, 히말라야, 도쿄, 멕시코시티 등지를 도는 2년간의 세계여행을 한다.

그는 어렵게 사업을 하는 사이에 난로도 못 피운 다락방에서 덜덜 떨면서 혼자 어학 공부에 열중했던 탓에, 영어, 프랑스어, 아랍어, 러시아어, 그리스어 등 10개 국어 이상을 능숙하게 구사했고, 일기는 언제나 자기가 머물고 있는 나라 말로 쓰는 등 각고의 노력을 기울였다.

1868년, 46세가 된 슐리만은 모든 준비가 끝났다고 생각하고 직접 트로이를 찾아 나섰다. 트로이를 직접 답사한 그는 자신의 생각이 맞다는 확신을 가지게 되었다. 슐리만은 1869년, 호메로스의 '일리아드'에 나오는 헬레네처럼 아름다운 그리스 처녀 소피아 엥가스트로노메스와 결혼을 하고 온몸을 내던져 트로이 유적을 찾는 일에 매달렸다.

1870년 4월, 슐리만과 소피아는 '히사를리크' 언덕에서 첫 삽을 떴고 그 뒤로 3년여 동안 그들은 일꾼 100여 명을 데리고 37m 높이 언덕에서 1톤 트럭 25만 대분이나 되는 흙을 파냈다. 그 사이에 슐리만은 열병과 좋지 않은 물, 다루기 어려운 일꾼과 싸웠다. 힘든 것은 그뿐이 아니었다.

학자들은 전설 같은 이야기만 믿고 트로이 발굴에 나선 슐리만을 돈키호테라고 비웃었다. 그러나 그 어느 것도 슐리만이 수십 년 동안 품어온 꿈, 인생에서 가장 강렬한 힘을 가지고 있는 어린 시절의 꿈을 꺾을 수 없었다. 그는 신들린 듯이 발굴에 매달렸고, 소피아도 남편과 함께 모든 어려움을 나누었다.

소피아는 아름답고 헌신적인 여자였다. 슐리만은 아내의 도움을 받아 마침내 고대의 황금문명을 발굴해냄으로써 전 세계에 충격을 주었다. 슐리만이 찾아낸 유물은 실로 어마어마했다. 팔찌, 브로치, 목걸이, 도자기 등 자그마치 8,700여 점이나 되는 보화가 쏟아져 나왔다.

그는 그리스 영웅들의 용맹했던 옛날 이야기를 읽으면서 어린 시절에 품었던 꿈을 40년 만에 이룬 것이었다. 그의 트로이 발굴은 그리스 이전의 문명인 크레타 문명과 에게 문명이 실제로 존재했음 과 그리스 문명이 그들 문명으로부터 개화된 것임을 밝혀냈다.

그는 자칫 사라질 뻔한 트로이 문명을 밝혀낸 것뿐 아니라, 훨씬 이전 시대의 투르크 청동기 문명을 발견했고 미케네에서도 같은 시기의 문명을 발견했다. 그때까지 고대사가들은 그리스, 로마, 이집트와 바빌로니아·아시리아라는 4개의 제국만을 알고 있었으나, 슐리만은 새로운 두 문명을 발견하여 역사의 지평을 크게 넓혔다.

탐험

개척자정신

하늘을 나는 꿈을 실현한 형제들

라이트 형제

★ **라이트 형제(Wilbur Wright, 1867~1912년, Orville Wright, 1871~1948년)**

라이트 형제가 인류 역사상 최초의 비행기를 개발한 배경에는 실험정신과 더불어 두 형제의 대화와 협력이 중요한 역할을 했다. 라이트 형제는 혁신적인 발명의 원동력이 된 협력 과정을 일기에 자세히 기록해 두었는데 그들이 남긴 일기를 보면 두 사람이 서로 협력했을 때 더욱 다양한 아이디어가 나왔다는 것을 보여준다. 훗날 윌버 라이트는 이에 대해 다음과 같이 설명했다.

"어릴 때부터 우리 형제는 함께 생활하고, 함께 놀고, 함께 일했으며, 무엇보다도 함께 생각했다. 장난감도 항상 우리 두 사람의 공동 소유였다. 우리는 서로의 생각과 열정까지도 공유했다. 따지고 보면 우리가 이루어낸 모든 것은 대화와 제안, 그리고 토론의 결과물이었다."

라이트 형제는 최초의 비행 사진을 만들어 내기도 했다. 당시 그들이 시험비행을 할 때 취재하러 온 기자는 아무도 없었다. 그래서 오빌 라이트는 직접 카메라를 삼각대에 장착한 뒤에 안전요원에게 셔터를 눌러 달라고 부탁했다. 이렇게 해서 이제까지 볼 수 없었던 혁신적인 이미지를 담은 그 유명한 사진이 탄생되었다.

인간은 오랜 역사를 통해서 하늘을 나는 꿈을 꾸었다. 그러나 실재로 인간이 하늘을 난 것은 100년 남짓한 역사밖에 가지고 있지 못하다. 레오나르도 다빈치 등 수많은 과학자, 천재들이 하늘을 나는 비행체를 만들려는 시도를 계속했으나, 최초의 동력 비행기를 만들어 성공시킨 사람은 미국의 윌버 라이트와 오빌 라이트 두 형제다.

1903년 12월 17일 오전 10시 35분. 미국 노스캐롤라이나 키티호크 해안에서는 인류 최초의 비행기가 이륙했다. 이 날은 얼음이 얼 정도로 추운 날씨였다. 라이트 형제는 10시 경부터 비행 시작을 알리는 깃발을 올리고 엔진을 가동시켰다.

3년 동안 거듭된 실패 덕분에 구경을 나온 후원자는 구조대원을 비롯한 5명뿐이었다. 10시 35분, 플라이어호라고 명명된 비행기는 시속 3킬로미터의 속도로 바람 부는 방향으로 서서히 나아갔다. 마침내 비행기는 날개를 위 아래로 요동치며 날기 시작했다. 처음 비행은 12초 동안 36m를 날았다. 여기에 힘을 얻은 라이트 형제는 두 번째 비행에서 46m, 세 번째 비행에서 60m, 네 번째로 59초 동안 259m를 비행했다.

이 네 번째 기록은 신문기자를 비롯한 입회인들이 대거 참석한 인류 최초의 공식 비행기록이 되었다. 이것이 기구가 아닌 공기보다 무거운 기계로 하늘을 난 최초의 일이자, 인류 역사를 획기적으로 바꾸어 놓은 일대 혁명의 시작이었다.

라이트 형제는 어릴 때부터 기계에 대한 남다른 재능을 보였다. 그들은 거의 독학으로 인쇄기계를 설계·제작했고, 나중에는 자전거 판매 사업에 뛰어들어 제작까지 해서 팔았다. 그들에게 자전거 제작 사업은 괜찮은 사업이었다. 그러던 1896년 어느 날, 라이트 형제는 독일의 오토 릴리엔탈이 활공실험(滑空實驗)에 성공하고 추락·사망했다는 기사를 접했다.

두 형제는 창공을 가로 질러 난다는 것에 즉각 매료되어서 비행기를 제작해 볼 것을 결정했다. 그들은 꾸준히 비행에 관한 자료를 입수하면서 비행 과정에서 생기는 온갖 문제점을 체크하기 시작했다. 그러나 그들은 절대 서두르지 않았다.

1899년까지 형제는 자료 수집과 분석에 매달렸다. 그러던 어느 날 두 사람은 들판에서 하늘을 나는 새들을 바라보며 새들은 수시로 날개의 모양을 바꾸어가면서 상하좌우 여러 방향으로 날며 속도도 조종하고 있다는 것을 깨달았다.

"비행기도 좌우의 날개 면에 변화를 준다면 새처럼 불편 없이 날 수 있지 않을까?"

이것은 기체가 좌우로 기울었을 때 떠오르는 힘에 차이가 생기게 해 기울기를 줄이는 방법으로 오늘날에도 모든 비행기에 응용되는 보조날개의 원리였다. 라이트 형제는 이 원리를 응용해서 드디어 글라이더 비행기를 탄생 시킨 것이었다.

플라이어호는 1906년 미국 정부로부터 특허를 받았고, 미국 국방부에 납품하기 시작했으며, 1908년에는 유럽에서 비행기를 생산하는 계약을 맺을 수 있었다. 1908년 8월 8일, 윌버는 프랑스 르

망 근처의 경주로에서 새로운 비행기로 최초로 공개비행을 시작했
다. 또 1909년 7월 25일, 1개의 날개를 가진 단엽기로 도버 해협을
37분 만에 횡단하는데 성공했다.

　두 형제는 마침내 '아메리칸 라이트 비행기 제작회사'를 설립,
항공 산업의 시작을 전 세계에 알렸다. 라이트형제는 비행기 개발
에만 열정을 쏟았기 때문에 형제는 둘 다 미혼으로 죽었다.

인류문명을 보존해온 종이의 발명자

채륜

★ **채륜(蔡倫, ?~121년?)**

채륜이 종이를 발명하기 전에도 중국에서는 비단이나 죽간, 목간에 문자를 기록했다. 죽간, 목간은 보통 너비 3cm, 길이 30cm 크기의 관편, 목편 줄기 하나에 글자 한 자씩 써서 끈으로 이어 묶은 다음 말아서 보존했다. 죽간, 목간 시대에는 책을 일 책, 이 책 혹은 한 권, 두 권하며 세었는데 목간과 죽간은 글자를 칼이나 끌로 일일이 새겨야 하는 불편이 있었으므로 저술활동에 많은 지장을 초래했다. 이는 성가시기도 했고 값이 비싸기도 했다. 또 책 한 권의 부피가 소달구지 한 대가 될 정도로 불편하기 이를 데 없었다. 종이의 발명은 취급이 편리하고 값도 싸서 학문과 지식의 보급에 크게 이바지했다. 개인의 문필활동이 크게 자극되어 보편화되었고 이후 중국문화 발달을 더욱 촉진했다. 종전 같으면 소달구지 한 대로 실어 날라야 했던 한 권의 책이 한 사람의 손으로 운반할 수 있게 된 것이다. 한나라 시대의 천문학과 역법 등의 과학기술 발달은 종이의 획기적인 발명과 밀접한 관계가 있었다.

종이는 수천 년 동안 인류문명을 보존해온 보물창고이자 전달자다. 만약 종이가 없었다면 인류는 지금과 같은 엄청난 문명을 일으키지 못했을 것이다. 종이의 발명은 현대의 컴퓨터의 발명만큼이나 혁신적인 것이었다.

종이의 발명자 채륜은 중국 후한 중기의 환관으로서 궁정 기물의 제조를 관장하는 관청인 상방령(尙方令)의 책임자였다. 그는 궁중의 검과 도구제작에 뛰어난 재능을 나타냈다.

당시 중국은 적당한 집필용재가 없어서 문화가 답보 상태에 빠져 있었다. 그 무렵에 주로 글씨를 적던 비단은 값이 너무 비쌌고, 대나무를 소재로 한 죽간(竹簡)은 부피나 무게가 대단해서 마차로 운반해야 할 정도였기 때문에 모두 편리하지 않았다. 당연히 관청에서는 서류관리나 행정업무 처리에 문제가 많았다.

105년경의 어느 날, 채륜은 물속에 잠긴 나무껍질, 밧줄, 헝겊, 어망 등을 바라보고 골똘히 생각에 잠겼다. 물에 잠긴 그것들이 아주 부드러워진 상태로 서로 엉켜서 있었던 것이다. 손재주가 비상했던 채륜은 그것들을 이용하여 종이를 만들어낼 방법을 생각해냈다. 그는 즉시 작업에 들어가서 나무껍질, 톱밥, 마(麻)부스러기, 헝겊, 풀 따위를 으기는 방법으로 새로운 서재(書材)인 종이를 만들어냈다.

종이는 보다도 값이 훨씬 싸고 만드는 재료도 풍부했을 뿐만 아니라 질도 뛰어났다. 채륜은 자신이 발명한 종이를 105년에 황제인 화제(和帝)에게 바쳤다. 화제는 채륜의 재능을 칭찬하고 그것을 널리 사용하도록 했다. 종이 제조법은 전 중국에 빠른 속도로 퍼졌고 사람들은 종이를 '채후지(蔡侯紙)'라 불렀다.

종이의 발명 이후 중국 관청의 행정업무는 엄청난 진보를 보였다. 뿐만 아니라 책의 보급이 원활해진 탓에 중국인들은 서민들까지 책을 보다 가까이 접하게 되어 중국은 문명 대국의 지위를 차지할 수 있었다.

학문에 재능이 있고 신체단련에도 일가를 이루었던 채륜은 인품이 진실하고 신중하여, 여러 차례 황제의 잘못을 간언하여 바로잡고 도왔다. 매번 휴가 기간에는 대문을 닫고 손님을 들이지 않으며 심신수련에 몰두했다.

114년 채륜은 용정후(龍亭侯)로 책봉되어 장락(長樂 : 福建省) 태복(太僕 : 卿)이 되었으나, 안제(安帝) 즉위 후에 정쟁에 말려들고 말았다. 안제는 칙명을 내려 정위(廷尉: 형벌 담당관)에게로 출두하게 했다. 채륜은 모욕 받을 것이 수치스러워 목욕하고 의관을 바르게 한 뒤, 독약을 마시고 죽었다.

중국인들은 종이 제조 기술을 비밀로 하고 기술의 유출을 적극적으로 차단했다. 기록에 따르면 종이 제조법은 751년 경 중국의 종이 제조업자가 아라비아인에게 붙들려서 중앙아시아의 슈마르칸트에 전파된 것으로 알려져 있다. 그것을 시작으로 제지술은 바그다드, 카이로, 모로코, 스페인을 차례로 거쳐 서유럽에 퍼졌다.

유럽 각지에 종이 공장이 생겨난 것은 14세기가 되어서였다. 종이가 널리 쓰이게 됨에 따라 중세 서유럽에서 기록매체로 사용되었던 양피지는 이후 점차로 자취를 감추게 되었다.

종이는 15세기 이후 발전한 인쇄술과 함께 지식의 대중화 과정을 주도하여 종교개혁에도 깊은 영향을 주었고 유럽의 역사를 바꾸어 놓았다.

20세기에 컴퓨터가 등장하면서 종이로 된 서류나 문서가 사라질 것이라고 예언한 미래 학자들이 많았다. 그러나 종이의 사용량은 오히려 두 배로 늘어나 종이문명의 시대가 사라지지 않을 것이라는 예고를 하고 있다.

불가능에 도전한 파워 리더십

어니스트 섀클턴

영국의 탐험가 어니스트 새클턴은 탐험가로서 '신 다음으로 가장 위대한 지도자'라는 평가를 받고 있는 전설적 인물이다. 무엇이 그를 이처럼 거창한 리더십의 인물로 평가받게 만든 것일까?

그는 아문센이 남극을 탐험한 후, 그때까지 아무도 시도하지 않았던 미지의 땅 남극대륙의 횡단을 시도했으나 실패하고 말았다. 그런데 이 실패한 탐험가가 거의 1세기가 지난 지금까지도 놀라울 정도로 추앙받고 있는 것은 그가 보여준 불굴의 용기와 리더십 때문이다.

새클턴은 1914년 12월, 27명의 대원들을 이끌고 남극대륙 횡단에 나섰다. 그러나 남극대륙 횡단의 꿈은 배가 유빙(遊氷)에 갇혀서 10개월 이상이나 끌려 다니다 결국 얼음의 압력을 이기지 못하고 쪼개져 침몰하는 바람에 실패로 끝나고 말았다.

배를 잃은 탐험대는 생존이라는 더 큰 문제에 직면하게 되었고, 그때부터 전 대원들에게는 생사를 가르는 무려 537일간의 악전고투가 시작되었다. 그들이 배를 버리고 얼음 위에 친 캠프는 얼음이 서서히 붕괴하면서 생명의 위협을 가했다. 또 그들이 조금 안전한 은신처를 찾았다고 생각되는 순간, 해가 수평선 너머로 져버려서 반 년 동안 어둠에 잠기는 남극의 밤이 찾아왔고, 굶주림과 영하 60도까지 내려가는 혹한이 그들을 위협했다.

시속 150킬로미터의 바람과 눈보라가 텐트를 갈가리 찢어버리고 식량으로 삼던 펭귄들도 줄어갔다. 죽음의 그림자가 시시각각 다가왔다. 그러나 새클턴은 절망에 빠진 대원들에게 리더로서 해야 할 일을 명확히 알고 있었다.

그는 대원들 모두에게 전원이 모두 살아서 돌아간다는 새로운 목표를 제시했고, 그들이 모두 믿고 따르게 솔선수범을 보였다. 그는 자신이 손가락동상을 입었음에도 장갑을 잃은 팀원에게 자신의 장갑을 서슴없이 벗어주었고, 금시계, 금 담배케이스 등을 내던짐으로써 대원들이 이동하는데 불필요한 물건을 버리는 모범을 보여줬다.

섀클턴은 가라앉은 배에서 끌어낸 길이 6미터짜리 보트를 타고 포경기지가 있는 사우스조지아 섬으로 가서 구조를 요청한다는 결단을 내렸고 다섯 명의 대원들을 뽑아서 출발했다. 그들은 노를 저어서 세상에서 가장 거칠고 험하다는 1,280킬로미터의 드레이크 해협을 통과해야만 했다.

영하 20도의 추위 속에서 얼음물이나 다름없는 파도를 헤치고 그들은 그 해협을 통과하는 데 성공했다. 그러나 문제는 거기서 끝나지 않았다. 그들은 3,000미터에 달하는 얼음산으로 겹겹이 둘러쳐진 사우스조지아 섬의 내륙을 통과해야 했다.

섀클턴은 더 이상 움직일 힘도 없는 3명의 대원은 남겨두고, 두 명의 대원만 데리고 도끼 한 자루와 로프 하나로 36시간 만에 내륙을 통과해서 마침내 포경기지에 도착했다. 1916년 8월 25일, 마침내 섀클턴은 포경기지에서 배를 빌려서 모든 대원을 구조하는 데 성공한다.

섀클턴과 다섯 명의 대원들이 나머지 대원들을 두고 떠난 지 4

개월 만의 일이었다. 오랫동안 대장을 믿고 기다리던 대원들은 환성을 내질렀다. 모든 역경을 다 이겨내고 한 명의 사상자도 없이 전 대원들을 구해내는 순간이었다. 새클턴은 극한상황에서 신념을 가진 사람만이 보여줄 수 있는 위대한 정신을 연출한 사람이었다. 에베레스트를 최초로 정복한 에드먼드 힐러리는 새클턴의 불멸의 리더십을 이렇게 강조했다.

"재난이 일어나고 모든 희망이 사라졌을 때, 무릎 꿇고 새클턴의 리더십을 달라고 기도하라."

신대륙의 발견자

크리스토퍼 콜럼버스

★ **크리스토퍼 콜럼버스(Christopher Columbus, 1451~1506년)**

신대륙의 발견으로 유럽의 중세는 완전히 끝났다. 스페인과 포르투갈은 서유럽의 후 발주자에서 일약 세계의 선두주자가 되었다. 그 일에 가장 큰 공헌을 한 사람이 콜 럼버스였다. 그렇다면 그는 어떻게 지구를 돌 생각을 하게 된 것일까? 마르코 폴로 의 '동방견문록'을 읽은 영향도 있었겠지만 기록에 의하면 그에게 직접 세상에 대해 서 가르쳐준 걸출한 학자가 있었기 때문이었다. 그는 칠십대 노인인 파올로 토스카 넬리였다. 레오나르도 다빈치의 스승이기도 했던 그는 호기심이 끝이 없는 사람이었 다. 그는 인체 해부에서부터 별자리를 탐색하고 지상의 먼 지역을 뒤지고 다니며 지 구 전도(全圖)에 몰두했다. 부유한 명문 귀족 출신인 그는 오리엔트와 향신료 무역을 하고 있던 조카들 덕분에 놀랍게도 머나먼 대륙의 소식을 전해들을 수 있었다. 콜럼 버스는 향신료가 나는 나라로 가는 해로를 개척하려고 그의 지식에 의지했던 것이 다. 콜럼버스를 격려하고 도왔던 엄격하고도 열정적인 이 노학자는 21살의 레오나르 도에게도 큰 영향을 끼쳐 레오나르도는 수첩에 '마에스트로 파골코'라고 적었다.

크리스토퍼 콜럼버스는 4번에 걸친 항해를 통해서 신대륙을 발견함으로서 인류 문명의 진로를 바꾸어 놓은 탐험가다. 이탈리아 항구 도시인 제노바에서 태어난 콜럼버스는 어릴 때부터 바다를 동경했고, 마르코 폴로의 '동방견문록'을 읽은 후로는 동방에 대한 꿈을 키워나갔다. 14살 때부터 선원이 되어 항해를 하기 시작한 그는 여러 지리학자의 세계지리서를 섭렵하면서 항해술, 천문학을 배웠고, 해도(海圖)작성법까지 익혔다.

그는 '지구는 둥글다'라고 주장하는 천문학자인 토스카넬리(Toscanelli)와 사귀면서 그 당시 아무도 상상하지 못하던 지구가 둥글다는 생각을 갖게 되었다. 그는 대서양을 넘어 서쪽으로 배를 몰고 가면 반드시 중국이나 인도에 도달하리라는 것을 확신했지만 항해에 드는 엄청난 비용을 마련할 수가 없었다.

하지만 그는 어렸을 때부터 자신이 큰일을 할 사람이며, 자신에게는 고귀한 피가 흐르고 있다고 믿는 사람이었다. 그는 당시 항해술이 가장 발달된 나라인 포르투갈에 머물면서 마치 자신이 귀족 가문 출신인 것처럼 행동했고, 포르투갈 왕족과 연줄을 가지고 있는, 리스본의 유서 깊은 집안 여자와 결혼했다.

그는 처가 쪽 인맥을 활용해서 포르투갈과 스페인 왕을 찾아다니며 서쪽으로 뱃길을 잡으면 인도에 도달할 수 있다고 설득했다. 인도는 당시 사람들에게 황금으로 가득 찬 꿈의 나라였고, 유럽 각국은 이슬람교도인 오스만투르크가 동로마 제국의 수도 콘스탄티노플을 정복한 탓에 동방으로 가는 길을 차단당한 처지여서 새로운 무역로를 찾아야 할 필요에 직면해 있었다. 새로운 항로를 찾게 된다면 엄청난 금은보화를 얻을 것이기에 콜럼버스의 제안은 각국 왕들의 흥미를 끌었다. 마침내 콜럼버스는 스페인 이사벨라 여왕의 도움으로 탐험의 길에 오르게 되었다.

1492년 8월 3일, 콜럼버스는 산타마리아호를 비롯한 3척의 배에 120명의 승무원을 태우고 마침내 팔로스항을 떠났다. 온갖 어려움과 고초를 겪은 끝에 출발한 지 69일째인 그해 10월 12일, 드디어 콜럼버스 일행은 육지에 닿았다.

그는 지금의 바하마 제도의 과나하이 섬을 처음 발견하고 이 섬의 이름을 산살바도르(성스런 구세주라는 뜻)로 바꾸고 신대륙 발견이라는 세계사적 이정표를 세웠다. 콜럼버스는 이어서 산토도밍고와 쿠바를 차례로 발견하고, 산토도밍고에 '나비다드'(navidad, 성탄절)라는 성채를 구축해서 1493년 4월, 아메리카에서 수집한 금은보화와 원주민을 데리고 바르셀로나 항에 개선장군처럼 귀환했다.

콜럼버스가 신항로를 개척하자, 포르투갈도 서둘러 인도로 향했고 그 후 스페인과 포르투갈 양국의 신항로를 차지하기 위한 대립은 점차 치열해졌다. 콜럼버스의 신대륙 발견은 유럽인들의 활동무대가 세계로 뻗어가는 계기를 마련한 것이었다.

하지만 아이러니컬한 것은 1506년 56살의 나이로 세상을 떠날 때까지 자신이 발견한 곳이 아메리카 대륙이었다는 것을 콜럼부스는 몰랐다는 점이다. 그는 죽을 때까지 이곳을 인도 땅의 서쪽이라고만 생각했다. 그 후 이탈리아 사람 아메리고 베스푸치가 이곳이 인도가 아니고 전혀 미지의 새 땅임을 밝혀냈다. 그의 이름을 따서 신대륙의 이름은 아메리카라고 불리게 되었다.

실크로드의 개척자

장건

장건 이전에도 중국은 서역 여러 나라와 교류하고 있었고 교통로도 있었다. 그러나 중국이 공식적으로 중앙아시아 세계, 나아가 더 먼 서역과 상업적, 문화적, 정치적 교류가 이루어질 수 있는 실크로드의 기반을 마련한 것은 장건의 공적이다. 그는 서역으로 가는 남북의 도로를 개척했을 뿐만 아니라 서역의 한혈마, 포도, 석류, 복숭아 등의 물품을 가져와서 중국 문명을 변혁 시키는 중대한 공헌도 했다. 공식적인 교역의 물꼬가 트이자 서역에서 중국으로 보석, 산호, 공예품, 향료, 목재 등이 들어왔고 중국의 견직물을 비롯한 많은 산물들이 서역으로 들어갔다. 사마천은 '사기' '대완전'에서 "장건은 의지가 강하며, 건실하게 일에 임하였고, 마음이 넓으며 사람을 믿었다."라고 적고 있다.

둔황에는 7세기에 그려진 장건출사서역도(張騫出使西域圖)라는 벽화가 있다. (막고굴 제323굴 북벽)무제가 말 위에서 손을 들어 장건에게 명령을 내리는 가운데 장건이 무릎을 꿇고 있는 장면이 묘사되어 있다. 장건의 여행 8백 년 뒤에 벽화가 그려질 정도로, 특히 실크로드 지역에서 그의 명성은 드높았던 것이다.

중국이 만리장성을 쌓게 된 것은 북방 유목기마민족의 침입을 막기 위해서였다. 진시황이 중국대륙을 통일했다고는 하지만 중국은 강력한 흉노(匈奴)족의 위협에 전전긍긍하고 있었다.

한나라의 고조(高祖) 유방은 이들에게 포위된 뒤 간신히 탈출해서 목숨을 건진 일까지 있었다. 그 뒤 한나라 왕실은 공주를 흉노로 시집보내고 매년 많은 공물을 보내어 그들을 달래야 했다. 그러던 중 한나라 무제(武帝)는 흉노의 포로로부터 솔깃한 이야기를 들었다. 흉노의 서쪽에 월지(月氏)라는 나라가 있는데 그들은 흉노와의 전쟁에서 패하여 단단히 복수를 벼르고 있다는 것이었다.

무제는 이들과 연합해서 흉노를 협공할 수만 있다면 흉노를 섬멸할 수 있겠다는 묘안을 떠올렸다. 이때 낭관(郎官)의 벼슬을 하고 있던 장건이 자청을 하고 나섰다. 그는 호기심이 많고 모험을 좋아해서 미지의 세계를 스스로 알아보고 싶었던 것이다.

기원전 139년, 장건은 100여 명의 일행을 이끌고 월지국을 향해 출발했다. 그러나 그들은 기다리고 있는 것은 흉노에서의 포로생활이었다. 월지로 가기 위해서는 흉노의 땅을 거치지 않을 수가 없었는데, 그들이 조심스레 발을 들여놓았지만 이내 흉노에 사로잡히고 말았다. 흉노의 왕 노장선우는 장건 일행이 월지국으로 가는 사신이라는 것을 알고 그들을 억류했다.

노장선우는 장건을 흉노의 여인과 결혼을 시키고 감시인을 두어 경계를 했다. 10년이 넘는 세월이 흐르고 장건은 흉노족의 부인에게서 아들까지 낳았다. 아마 보통 사람 같았으면 그냥 그 곳에 정착해서 단란한 가정을 꾸리고 말았을 것인데 그는 사절로서의 사명을 한시도 잊지 않고 있었다. 그는 황제의 사신임을 나타내는 부절(符節)을 늘 몸에 지니고 있었다.

그러던 어느 날 기회가 왔다. 장건은 경계가 허술해진 틈을 타서 탈출을 시도해서 무사히 흉노의 땅을 벗어날 수 있었다. 장건 일행은 서쪽으로 수 십일을 걸어서 마침내 월지국에 도착했다. 유목 국가인 월지국은 이동을 거듭해서 토지가 비옥한 아무다리야 북방(남 러시아)에 자리 잡고 번영을 누리고 있었다. 그래서 그들은 옛 원한을 되살려 흉노를 정벌하는 모험을 할 의사가 없었다. 교섭에 실패한 장건은 낙심했다.

하지만 그는 거기서 좌절하지 않았다. 그곳에 1년 동안 머무르면서 서역에 대한 각종 정보를 수집했다. 장건 일행은 드디어 귀국 길에 올랐다. 그러나 그들은 흉노의 땅을 거치지 않고는 돌아 올 수가 없어서 또다시 흉노에게 붙잡히는 신세가 되었다. 그곳에서 1년 동안 억류 생활을 하던 장건은 때마침 일어난 흉노족에 내분의 혼란을 틈타 아내와 함께 탈출에 성공할 수 있었다.

기원전 126년, 장건은 장안에 도착했다. 장안을 떠난 지 13년 만의 일이었다. 장건이 비록 원래 목적인 대월지와의 동맹에는 실패하고 돌아왔지만 무제는 장건을 크게 환영했다. 무제는 실로 13년간에 걸친 대단한 집념을 칭찬하면서 그를 박망후(博望候 : 만물박사)에 봉했다. 장건의 서역 견문은 무제를 비롯한 당시의 중국인들에게 커다란 놀라움과 충격을 주었다. 그때 장건이 가져온 정보는 중국에서는 전혀 알려지지 않은 페르시아, 인도, 아라비아, 그리고 로마제국의 진기한 정보였다.

장건은 그 후에도 3차례나 서역에 파견되어 실크로드를 개척하는 공을 세우게 된다. 이때부터 중국과 중앙아시아 각 국가의 교류가 시작되었다. 장장 7천 킬로미터에 이르는 동서 문화의 교통로는 그 뒤로 8백 년 동안 동서양 문물의 교역로가 되었다.

수에즈 운하의 아버지

페르디낭 드 레셉스

⭐ **페르디낭 드 레셉스(Ferdinand-Marie de Lesseps, 1805～1894년)**

수에즈의 운하 개통으로 런던–싱가포르 항로는 케이프타운 경유로 2만 4,500km인
것이 1만 5,027km로 줄어들고, 런던–봄베이는 2만 1,400km인 것이 1만 1,472km
로 단축되었다. 운하 개통 당시는 범선에서 증기선으로 바뀌는 시대여서 통항선의
수는 해마다 증가했다. 1869년에는 불과 10척이었던 것이 73년에는 1,000척을 넘
었고 그 후 꾸준히 증가하여 1977년 2만 척을 넘어서 현재는 하루 평균 100여 척의
선박이 이용하고 있으며 전세계 물동량의 14%가 이 운하를 통과하고 있다. 통과 소
요시간은 약 15시간이 걸리고, 교통량이 늘어남에 따라 꾸준한 준설 확장을 계속해
서 운하의 폭은 200m, 평균 수심은 20m, 현재 운하의 길이는 173km에 달하는데
만적시(滿積時)에는 6만톤, 공선시(空船時)에는 15만톤급의 유조선도 지나갈 수 있
다. 운하의 항구는 홍해 쪽이 수에즈이고 지중해 쪽에는 포트사이드이다. 이 운하를
건너 시나이 반도로 들어가는 연결 지점은 4곳의 나루터와 한 개의 해저 터널인 아
흐마드 함디 터널이 있는데 이 터널은 진입로를 포함하여 총 연장 4.5km이다.

홍해와 지중해를 연결하려는 시도는 3천 년 전 부터 있었다. 기원전 7세기 이집트인들은 운하를 건설하다 중단했다. 제사장이 '야만족의 침입을 돕는 길을 뚫어주는 짓'이라는 신의 계시를 전했기 때문이었다. 그 후 이집트를 정복한 페르시아 왕 다리우스도 운하 건설에 나섰다. 그러나 홍해가 육지보다 높아 운하를 파면 이집트가 물에 잠길 것이라는 말을 듣고 중단해야 했다.

1798년, 이집트를 점령한 나폴레옹도 운하를 건설하고자 했으나 홍해와 지중해의 수위차가 10m나 된다고 측량기사가 잘못 보고하는 바람에 운하를 건설하려던 나폴레옹의 꿈도 날아가 버렸다.

1832년, 페르디낭 드 레셉스는 프랑스영사로 알렉산드리아에서 근무하고 있었다. 그는 나폴레옹의 이집트 원정에 대한 책을 읽다가 운하를 뚫으려던 계획을 보고 가슴이 뛰었다. 홍해와 지중해의 연결은 아시아와 아프리카 두 대륙의 연결이자, 유럽으로 가는 길목을 트는 것이기 때문이었다.

'맞다, 이곳에 운하를 뚫게 되면 아프리카 남단의 희망봉까지 1만 6천㎞를 돌아오지 않아도 된다. 아, 이것이 나의 일이구나!'

이렇게 생각한 레셉스는 세밀한 조사에 들어갔고 평소에 친분이 있었던 이집트 왕 사이드 파샤를 찾아가서 건의했다. 1854년 레셉스는 파샤로부터 건설허가서를 받았으나, 영국이 자국의 권리와 이익이 위협받는 것을 염려하여 강력한 반대운동을 펼쳤다. 당시 이집트의 왕은 허수아비에 지나지 않았다. 이집트는 오스만제국(터키)의 지배하에 있었고, 영국은 해군을 주둔시키며 상업적으로 이집트를 지배하고 있었다. 레셉스는 결정권을 쥐고 있는 영국으로 달려갔다.

그는 국회의원, 각료, 언론인들과 접촉하며 자신의 계획을 설명했으나 모두들 냉담한 반응을 보였다. 낙망한 레셉스는 그러나 물러서지 않았다. 그는 운하건설이 단순히 상업적으로만 유용한 것이 아니라 인류 전체의 안녕과 복지를 위해서도 유익한 것이란 점을 상인, 무역상, 일반 대중들에게 적극적으로 홍보해 나갔다. 그는 운하가 동서양을 하나로 연결해 주고 장벽을 허물게 될 것이란 점을 강조했다. 그런데도 영국 정부는 움직이지 않았다. 레셉스는 거기서 일생일대의 결단을 내렸다.

'좋다, 그렇다면 나만의 힘으로 운하를 팔 것이다.'

레셉스는 다시 이집트 왕을 찾아가서 설득했다. 1854년 11월 30일 사이드 파샤는 레셉스에게 수에즈 지협을 뚫을 권한과 99년간 운영하는 권리 증서에 서명했다.

레셉스는 그때부터 공사비에 필요한 2억 프랑의 자본을 모으기 위해 비범한 능력을 발휘하기 시작했다. 그는 세계 각국을 돌면서 운하의 당위성을 설명하고 자금을 조성하는데 성공했다. 특히 프랑스 국민들은 가장 프랑스적인 사업이라는 자긍심으로 뭉쳐서 주식을 매입했다. 그는 자금이 조성되자 유럽 최고의 기술자들을 불러 들였다.

1859년 4월 5일, 수에즈 운하를 착공하는 첫 삽을 떴다. 그로부터 10년 후인 1869년 8월 15일 지중해와 홍해를 연결하는 수에즈 운하가 완공되었다. 실로 레셉스의 평생을 바친 대역사의 완성이자 동서양을 잇는 가교의 완성이었다.

수에즈 운하가 완성되자 그는 유럽에서 가장 유명한 인사가 되었다. 오늘날도 수에즈운하는 유럽과 아시아의 무역로를 지배하는 위치를 점하면서 세계 경제의 동향을 가장 민감하게 반영하고, 국제 경제에서 매우 중요한 역할을 하고 있다.

외로운 행성의
친절한 안내자

토니 휠러

★ **토니 휠러(Tony Wheeler, 1946년~)**

여행깨나 한 사람들은 한번쯤은 이 책을 들고 다녔을 것이다. 론리 플래닛의 제일 큰 장점은 방대한 정보이며 현존하는 가이드북 중 가장 완벽에 가까운 책이라는 것이 정평이다. 특히 문화나 역사에 대한 이해를 필요로 하는 독자에게 론리 플래닛은 탁월한 선택이다.

스페인편의 첫 문장이다.

'스페인은 위엄과 광기가 공존하는 나라다. 전설적인 과거의 혼령들이 대지를 활보하고, 사람들은 매일을 천상의 기쁨을 누리기 위한 광적이고 맹렬한 탐구에 바치는 것만 같다.'

프랑스 편은 이렇게 문장이 시작된다.

'프랑스에는 잘 손질된 머리를 하고 카페인에 찌든 채 크로와상을 먹어대면서, 틈만 나면 거만한 비웃음을 흘리는 사람들이 분명 있다.'

세계 89개 나라를 걸어서 누빈 한비아가 서울에 온 토니 휠러를 만났을 때 그가 한 말이다.

"나에게 여행이란 사람을 만나는 것이다. 타지마할이랄지 그랜드캐년이랄지 인공물, 자연물을 보면서 느끼는 즐거움도 크지만 진짜 여행의 정수는 사람을 만나는 것이다. 그것이 나로 하여금 여행을 하게 하는 동력이다. 여행은 늘 사람들에게 새로운 길을 열어준다."

론리 플래닛(Lonley Planet)은 세계에서 가장 성공한 여행 안내서다. 론리 플래닛은 처음 출간된 이래 영어권에서 30여 년간 부동의 여행 가이드북으로 군림해 왔다. 현재 론리 플래닛은 17개국 언어로 씌어져서 230개국을 커버하는 유일한 가이드북으로 연간 700만부 이상이 팔려 나가고 있다.

여행 안내서 하나로 지구를 뒤덮은 출판제국을 이룩한 사람은 한낱 배낭 여행가에 지나지 않았던 토니 휠러라는 영국인이다. 그가 1972년 아내와 함께 런던에서 시드니까지 배낭여행을 마쳤을 때 주머니에는 27센트만이 남아 있었다.

그는 집으로 돌아갈 비행기 삯을 모으기 위해 일자리를 얻었으나 곧 영국으로 돌아갈 마음이 없어졌다. 그들 부부는 1년을 호주에 머물며 돈을 모아 또다시 배낭여행을 떠났다.

토니는 고단한 배낭여행 중에 영화 '사관과 신사'의 주제곡 '업 웨어 위 빌롱' 등으로 유명한 조 카커가 부른 '우주선 선장 (Space Captain)'을 즐겨 불렀다. 그런데 그 가사 중에 '사랑스런 행성'(lovely planet)을 '외로운 행성'(lonely planet)으로 잘못 듣고 그는 그 이름이 마음에 들었다. 아내가 잘못을 지적해 주었으나 그는 '외로운 행성'이 마음에 들어서 그렇게 계속 노래를 불렀다.

토니는 여행에 관한 기록을 모은 메모 노트가 두꺼워지면서, 당시 점차 늘어나고 있던 배낭 여행자들의 입맛에 맞는 여행 가이드북의 필요성을 감지하고 자신들의 자료로 가이드북을 펴낼 생각을 굳혔다. 그리고 그는 '론리 플래닛'을 여행 가이드북을 만드는 회사의 이름으로 정해버렸다. 토니는 '론리 플래닛'을 발간하면서 배낭 여행자에게 반드시 필요한 세 가지 요소를 갖추고자 노력했다.

첫째, 독자의 생명을 구할 수 있어야 한다. 배낭 여행자가 전혀 모르는 나라를 여행할 때 치안이며 숙소에 관한 자세한 조언을 필요로 한다는 것을 염두에 둔 방침이었다.

둘째, 알찬 정보를 제공해야 한다. 그래서 론리 플래닛은 사진이나 화려한 안내보다 텍스트 위주의 편집으로 구체적인 안내를 생명으로 한다.

셋째, 재미있어야 한다. 그것은 여행하는 이유가 다양하지만 우선 여행은 재미있어야 한다는 점에 유의한 것이다.

토니의 이 같은 방침은 주효해서 많은 배낭 여행자들의 호응을 얻었고 세계에서 가장 성공한 여행안내서가 될 수 있었다. 론리 플래닛은 매 2년마다 업데이트를 하고 있는데 전 세계적으로 350여 명의 전문 여행 작가들이 직접 현지 체험을 하면서 글을 쓰고 있다고 한다. 그래서 CIA는 개정판이 나올 마다 론리 플래닛을 20권하고 있고, 영어권 사람들은 론리 플래닛이란 말만 들어도 여행을 하고 싶어진다고 한다.

2004년 아시아 진출을 선언하며 일본어판, 한국어판이 나왔고, 2006년부터는 중국어판을 발행하기 시작했다. 론리 플래닛은 영어로 된 여행서 시장의 25%의 셰어를 장악하고 있고, TV 제작사인 론리 플래닛 텔레비전(Lonley Planet Televison)도 소유하고 있다.

누구에게나 건너야 할
사하라 사막이 있다

브라이언 트레이시

⭐ **브라이언 트레이시(Brian Tracy, 1944년~)**

가난한 가정에서 태어난 브라이언 트레이시는 고등학교를 중퇴한 후, 접시 닦이, 주차장 세차원, 벌목공, 주유소 점원, 화물선 잡역부 등 온갖 직업을 전전했다. 벌목공으로 일하던 어느 겨울날의 새벽, 자동차 안에서 잠을 청하던 그는 지독한 추위에 잠에서 깨어 문득 이런 생각이 들었다.

'나는 왜 이렇게 살고 있는가? 이렇게 살다가는 나의 미래는 계속 이렇게 암울할 것이다.'

그러자 죽음보다 더한 두려움이 그를 덮쳤다. 그는 밑바닥 인생의 굴레를 벗어나기 위해 사하라 사막을 횡단했던 것이다. 그 긴 여행은 최대의 전환점이었다. 그 후 그는 심리학, 철학, 경제학, 경영 등의 분야에서 3만 시간 이상을 투자하여 수많은 책과 논문을 섭렵하면서 폭넓은 지식을 쌓았고 책을 써서 수천만 권을 팔았으며 1회 강연료가 8억 원 정도라고 하는 유명한 성공학 강사가 되었다. 그는 성공에 대해서 이렇게 말한다.

"성공함으로써, 성공하는 법을 배우게 된다. 당신이 무엇인가 성취하면 할수록 더 많이 성취해낼 수 있게 된다. 그리고 불굴의 의지로 인내하며 열심히 일한다면, 당신이 설정한 어떤 목표라도 성취해낼 수 있다. 성공을 가로막는 유일한 장애물이 있다면, 그것은 당신 자신일 뿐이다. 아름다운 다이아몬드도 땅속에서 뜨거운 열과 압력을 지속적으로 받기 전엔 검은 석탄 덩어리에 지나지 않았다는 사실을 잊지 마라."

세계적인 비즈니스 컨설턴트인 브라이언 트레이시는 스스로 어떤 목표를 정해놓고 몸으로 실천하는 모습을 보여주는 본보기 노릇을 곧잘 하는 사람이다. 그는 스무 살 때 사하라 사막을 횡단하는 죽음의 여행을 시작했다.

"당신들은 사하라에서 죽을 것이다."

원주민들조차 극구 말리고 나섰고, 모두들 불가능하다고 했지만 그는 목표를 결코 포기하지 않았다. 그의 이 여행은 목표를 어떻게 달성하는 것인가의 진수를 보여준다. 트레이시와 친구들은 불과 300달러씩을 내어 긴 여행에 나섰다. 그들은 자동차로 북아메리카를 서쪽 끝에서 동쪽 끝으로 횡단했고, 배를 타고 대서양을 건너 런던에 도착했다. 자전거를 타고 프랑스와 스페인을 관통했으며, 다시 자동차로 아프리카를 종단하며 죽음의 사하라 사막을 넘었다. 2만 7천km가 넘는 대장정이었고, 그 목표를 이루는 데 12개월이나 걸렸다.

목숨을 건 그들의 도전 앞에 불가능은 없었다. 그들은 이 여행을 통해, 어떠한 상황에서도 끝까지 포기하지 않고 해내려고 한다면 반드시 목표를 달성할 수 있다는, 감동 어린 진실을 만나게 된다. 또 너와 내가 따로 없을 정도로 하나가 되어 서로 의지하고 돕고 격려하는 동료애가 얼마나 큰 힘을 발휘하는지를 발견하게 된다.

트레이시는 2만 7천km에 이르는 대장정을 마친 후 성공 원칙 일곱 가지를 얻게 된다. 그는 그 이야기를『내 인생을 바꾼 스무 살 여행』이라는 책에 담았는데, 문학적으로 매우 뛰어날 뿐만 아니라,

여행을 통해 배우는 진한 성공철학을 담아내고 있다. 이 책에서 브라이언 트레이시는 "누구에게나 건너야 할 사하라 사막이 있다"라고 말하고 있다.

"성공의 열쇠는 하나에 집중하는 힘이다. 삶의 과정에서 당신의 모든 것-정신과 육체-을 쏟아 부어야 할 결정적인 시점이 있게 마련이다. 무엇인가를 이루고 싶다면, 사명감을 갖고 그것에 온 힘을 쏟아라. 일단 시작하면, 그 목표를 향해서 시간과 정력을 전력으로 투자하라. 한 순간도 긴장을 풀지 말라. 목표에 이를 때까지 계속해서 밀어붙여라. 완전히 성취할 때까지 결코 포기하지 않겠다고 다짐하라. 이것이 당신에게 주어진 시험이다."

사하라 사막을 종단하며 그가 얻은 교훈은, 다음과 같은 일곱 가지 성공 원칙이다.

"1. 어떤 일에서나 성공의 문을 열어주는 가장 중요한 열쇠는, 목표를 세우고 그 목표를 향해 첫 걸음을 떼는 것이다.

2. 목표를 향해 첫 걸음을 떼었다면, 그 이후로 실패의 가능성은 조금도 생각하지 말라.

3. '한 번에 하나씩!' 이란 원칙대로 충실히 산다면, 당신은 세상에서 가장 위대한 목표도 성취해낼 수 있다.

4. 반대하는 사람을 멀리하라. 당신은 실패할 것이고, 소중한 시간과 돈을 낭비할 것이고, 사하라 사막에서 죽게 될 것이라고 말하는 부정적인 사람들을 경계하라.

5. 성공의 사다리를 끝까지 오르고 싶다면, 어려움과 난관을 결코 피해 갈 수 없는 소중한 통과의례로 받아들여라.

6. 목표를 분명히 설정하라. 그리고 그 성취 과정 중에는 무엇이든 유연하게 대처하라.

7. 누구도 혼자만의 힘으로는 성공할 수 없다. 각자 300달러로 2만 7천km가 넘는 대장정을 하면서 여러 사람으로부터 따뜻한 도움을 받지 못했다면, 나의 도전은 결코 성공하지 못했을 것이다. 우리 삶에서 함께 웃음과 사랑과 눈물을 나누는 사람들은 소중한 보물과도 같은 존재이다."

해상 네트워크의
구축자

장보고

★ **장보고(張保皐, ? ~ 846년)**

신라 조정에서 장보고에게 내린 '청해진 대사'는 신라관직체제에 없는 벼슬이었다. 청해진은 대륙 동해안과 한반도 서해안과 남해안, 일본열도를 잇는 해로의 중심이자 해상무역의 거점이었다. 그는 막강한 군사력을 앞세워 주변의 해적을 소탕하며 동아시아 해상질서를 바로잡았고 나아가 아예 당과 신라, 일본을 잇는 삼각무역을 독점하게 된다. 군사적 재능만이 아니라 무역과 외교적 감각에도 두루 능한 탁월한 인물이었던 장보고는 순식간에 막대한 부를 쌓고 국제적 거물로 발돋움하자 정치적 야망이 생겼다. 그러나 자신의 딸을 문성왕의 차비(次妃)로 삼으려 했던 일이 진골 귀족의 반대로 물거품이 되어 버리자 조정에 대한 원망과 울분으로 날을 지새웠다. 그때 자신들이 혼약을 파한 것에 대한 후환을 염려한 조정은 장보고의 옛 부하인 염장(閻長)을 위장 투항시켜 장보고를 암살함으로써 장보고의 해상왕국은 막을 내렸다. 장보고의 카리스마에 의존했던 청해진은 한때 동아시아 해상을 지배 했던 근거지답지 않게 일순간에 몰락하고 만다. 완도 청해진 터에는 지금도 그때의 목책 흔적이 지금도 남아 있고 완도 주변에는 장섬, 장좌리 등 장보고와 관련 된 지명이 남아 있다.

*우리 역사에서 가장 국제적으로 성공한 사람*을 꼽는다면 단연 장보고일 것이다. 그는 우리 역사에서 평가를 받기 전에 중국과 일본에서 더 유명한 인물이었다.

일찍이 당나라의 유명한 시인 두목(杜牧)은 '번천문집(樊川文集)'에서 그를 "명석한 두뇌를 가진 사람으로서 동방의 나라에서 가장 성공한 사람"이라고 평가하고 나섰다. 또 일본 측의 기록을 보면, 중국을 내왕하는 일본 지방관과 승려가 귀국을 보살펴달라고 장보고에게 탄원하는 서신을 보낸 것이 남아 있는데 이는 그의 국제적 위세를 증거 하는 물증이다.

장보고는 평민출신으로 신라 특유의 신분제도인 골품제(骨品制) 때문에 출셋길이 막히자, 당나라로 건너가 서주(徐州) 무령군(武寧君)에 입대해서 뛰어난 자질을 인정받고 무령군 소장(小將)으로 출세가도를 달린다. 그런데 이 무렵 중국 해적들이 신라의 해안과 상선을 습격해서 재물은 물론 사람들까지 약탈해 와서 노예로 팔아넘기는 잔혹행위를 일삼고 있었다. 장보고는 의분을 이기지 못하고 828년(흥덕왕 3년), 당나라 관직을 과감히 내던져 버리고 돌연 귀국, 왕에게 주청을 올렸다.

"지금 신라의 연해 지방은 이름만 신라 땅이지 해적들의 소굴과 다름없습니다. 해적들은 신라 백성들을 잡아다가 당나라에 노예로 팔아먹고 있습니다. 지금 해적들을 소탕하지 않으면 장차 그 화를 면하기 어려울 것입니다."

그는 남해 해상교통의 요지인 완도(莞島)에 해군기지를 건설하여 무역로를 보호하고 해적을 근절시킬 것을 주청했다. 비로소 사태의 심각성을 깨달은 조정은 그의 건의를 받아들였다. 그는 왕의 허락을 얻어 완도에 청해진(淸海鎭)을 설치하고 가리포(加利浦)에 성책을 쌓아 항만시설을 보수, 전략적 거점을 마련했다.

장보고의 세력 확장은 매우 빨랐다. 그는 신속하게 지방민을 규합하고 삽시간에 군사 1만 명을 거느리는 대군벌이 되었다. 당나라에서 지방 군벌들의 군대 양성 방법을 눈여겨보고 습득한 탓에 실력을 유감없이 발휘할 수 있었던 것이다.

그는 1만 명의 민군 조직을 활용해 해적을 소탕하는데 성공한다. 장보고는 이에 만족하지 않고 선박을 많이 만들어서 그것으로 청해진을 중심으로 일종의 거대한 해상왕국을 건설하는 프로젝트를 추진한다. 그의 프로젝트는 청해진을 중심으로 당나라 산동(山東)반도 그리고 일본 하카다(博多)를 잇는 무역 네트워크로 발전하고, 이 네트워크의 뼈대 위에 다시 나라별로 내부 네트워크를 가동하는 방식으로 확대 재생산되는 단계에 이른다.

신라인들은 목탄운송업, 조선업, 선박수리업, 상업, 농업 등에 종사하며 청해진 무역선단 일을 적극적으로 지원하고 나섰고 장보고는 이 민군 조직을 무역선단으로 재조직해 신라 - 당나라 - 일본 사이의 삼각무역을 육성한다. 이런 활동으로 그의 이름은 신라는 물론 당나라와 일본에까지 퍼져나간다. 이때 무역상들의 수출품들은 주로 구리거울 등과 같은 금속제품류, 모직물류, 도자기류, 피혁제류, 문방구류, 향료, 염료, 안료, 풀솜, 비단 등과 같은 동남아시아 및 서아시아의 지역 특산품이었다.

　당나라와 일본 세 나라 사이의 국제 무역을 한손에 쥐게 된 장보고의 청해진 선단은 경제적 부와 군사력으로 중앙정부에 버금가는 영향력을 구가하기에 이른다. 당과 신라, 일본을 잇는 삼각무역을 독점한 그의 세력이 결코 허장성세가 아니었음은 1990년에 복원된 법화원(法華院)을 보면 알 수 있다.

　현재 중국 산동성 문등현(文登縣) 적산촌(赤山村)에 있는 이곳은 장보고 해상군단의 중국 내 활동 거점으로서 신라의 승려 300명이 상주했고, 연간 500섬 이상 추수하는 장전(莊田)을 갖춘 대가람이었다.

바다 밑에 새로운 우주가 있다

로버트 발라드

1985년, 발라드와 그의 조사팀은 북대서양 바다 밑에서 80년 전 침몰한 타이타닉호의 잔해를 발견했다. 타이타닉이 발견된 곳은 북위 41도 44분, 서경 49도 57분의 심해 4,000m 바다속이었다. 1912년 4월 14일 처녀항해 도중 침몰한 타이타닉의 총 길이는 269.1m, 폭 28.2m, 높이 53.3m에 달하는 당시 최첨단의 호화여객선이었다. 당시 타이타닉에는 승객 1,317명과 승무원 905명 등 2,222명이 승선하고 있었는데 1,513명의 희생자를 낸 세계 최대의 해난 사고였다. 타이타닉은 두 동강이 나 있었는데 앞부분과 뒷부분은 약 600미터 가량 떨어진 채로 가라앉아 있었다. 그때까지만 해도 타이타닉이 실제로 두 동강이 났는지 여부에 대해 생존자들의 진술이 엇갈려서 온전한 상태로 침몰했으리라 추측되었지만, 이 탐사에서 타이타닉이 토막 난 상태로 침몰했다는 것이 밝혀진 셈이다. 그런데 발라드 팀은 사실, 타이타닉 탐사에 관심이 있던 것이 아니다. 그들은 20년 전에 침몰한 두 원자력 추진 잠수함 스콜피온(USS Scorpion)과 쓰레셔(USS Thresher)를 찾던 중에 해저에서 조종 가능한 로봇인 아르고-제이슨(아르고는 카메라 달린 잠수 로봇이고 제이슨은 아르고 속에 설치되어 난파선의 조각을 모으는 등 역할을 한다)이 타이타닉의 흔적을 발견해서 그 탐사가 이루어졌던 것이다.

'열길 물속은 알아도 한길 사람 속은 모른다.'는 속담이 있다. 그러나 과연 그럴까? 현대과학은 두뇌 연구를 통해서 인간의 마음과 그 활동 영역을 속속 밝혀 나가고 있다. 뿐만 아니라 수백억 광년 너머의 우주에서 일어나는 일도 속속 밝혀 나가고 있다. 그런데 정작 인간이 잘 모르고 있는 곳은 우리가 살고 있는 지구의 바다 밑이다.

미국 해양탐사연구소(IFE) 소장 로버트 발라드는 인간이 수천미터 밑의 바다 속도 모르면서 우주개발에 나서고 있는 것은 웃기는 코미디라고 주장한다.

그는 1985년 9월, 침몰한지 70여년 된 타이타닉 호를 발견한 것을 비롯해서 독일전투선인 비스마르크 등 수많은 난파선들을 발견하는 개가를 올린 자타가 공인하는 세계 최고의 해양 탐사 전문가다. 그는 어린 시절 줄 베른의 소설 '해저 2만리'를 읽고 바다 밑 세계를 동경하기 시작했다.

그는 대학에서 해양 지질학과 지구 물리학을 전공하고, 1967년 해군의 일원으로 해저지도 제작을 비롯한 해저 탐사 프로젝트에 참가하면서 점점 소설 '해저 2만리'의 주인공인 '네모 선장'을 닮아갔다. 발라드는 1973~1974년 잠수함으로 대서양 중앙에 위치한 거대한 해저산맥인 대서양중앙해령을 탐험하면서 신비로운 영감에 사로잡혔다. 그것은 바다 밑에는 여태껏 인간이 알지 못한 새로운 세계, 새로운 우주가 있다는 생각이었다.

과연 그의 예감은 맞아 떨어졌다. 그는 1977년 심해유인잠수정

앨빈(Alvin)호를 타고 심해를 탐사하다가 놀라운 발견을 하게 된다. 잠수정은 1시간 30분이 지난 후, 수심 2,700미터의 바닥에 도착했는데 그때 그의 눈앞에 펼쳐진 경치는 이 세상에서는 보지 못한 전혀 새로운 별세계의 것이었다.

바다 밑바닥에는 검은 연기가 솟구치는 공장 굴뚝같은 심해열수공(Black Smoker)이 있었고, 그 주위에는 세균, 벌레, 새우, 조개, 게 등 수천, 수만 종의 온갖 생물이 군집을 이루고 있었다.

과학자들은 빛이라고는 전혀 없는 심해에는 생물이 살고 있지 않을 것이라고 여겨져 왔지만, 그곳에는 열대우림을 방불케 하는 무수한 생물이 살고 있었다. 발라드는 그것들이 지금까지 전혀 알려지지 않았던 생물체들이라는 것을 알아냈다.

심해열수공에서 뿜어져 나오는 물은 350℃(수압이 높은 심해에서는 끓는점이 100℃가 아니다)나 되었고 이 뜨거운 물은 기체 같은 금속성 황화물 및 산화물과 반응해서 많은 생명체를 거느리게 된 것이었다. 이 발견으로 과학자들은 광합성에 의존하지 않는 새로운 생태계가 바닷속에 숨어있다는 것을 알게 되었고, 햇빛이 없고, 수압이 높으며, 황화수소와 같은 독성물질로 가득 찬 심해열수공의 척박한 환경에서도 생물이 존재한다는 사실에 경악을 금치 못했다. 그것은 태양에너지에 의존하지 않는 독자적 지구생명체의 존재를 의미했고 생물학의 역사가 다시 씌어져야 할지도 모른다는 사실 때문이었다.

심해열수공의 발견은 지질학은 물론 생물학적인 면에서도 기존의 상식을 뛰어넘는 획기적인 연구의 계기를 마련해 주었다. 그 후

과학자들은 전 세계 바다에서 300개 이상의 심해열수공을 발견했고 심해열수공 주변에는 거의 90%가 알려지지 않은 생물들이 살고 있음을 알게 되었다. 발라드는 이 발견으로 생물학사상 혁명적인 사건을 일으킨 사람이 되었지만, 그는 여전히 '네모 선장'의 역할을 하는 것을 재미로 여기며 바다 밑 탐사에 여념이 없다.

과학자들은 지금도 지구 생명체 탄생의 비밀을 풀 수 있는 열쇠를 얻기 위해 위험을 무릅쓰고 심해열수공을 탐사하고 있다.

재산을 버리고
망치와 톱을 들다

천만 명에게
집을!

HOUSE

밀러드 풀러

★ 밀러드 풀러(Millard Fuller, 1935~2009년)

해비타트는 지난 30여 년간 자원봉사자들의 노력과 기부를 통해 전 세계 150만 여명의 가난한 사람들에게 30만 채 이상의 집을 지어줬다. 해비타트는 1992년 한국에 상륙해서 전국에 15개 지회가 결성되었고 2008년에 1,151채의 집을 짓거나 고쳐 주었으며, 그간 비용과 일손을 보태준 자원봉사자가 16만 명에 이른다. 해비타트의 창립자 밀러드 풀러는 생애에 걸쳐 10권의 책을 썼으며, 50개 이상의 상을 획득했고, 1996년에는 미국 시민으로서는 가장 영예로운 대통령상 자유의 메달(Medal of Freedom)을 타기도 했다. 빌 클린턴 대통령은 메달을 증여할 당시 그를 "전 세계 인류와 미국에 있는 사람들에게 집을 소유하고자 하는 꿈을 실현해 주기 위해 가장 많은 일을 한 사람"이라고 평가했다. 풀러는 생전에 이런 말을 했다.
"우리는 시간이 지날수록 예전에는 꿈이 없이 살던 가정들이 해비타트 집에 입주하여 주거문제에 대한 걱정을 덜고 나서 그들의 자녀들이 학교를 다시 다니고 대학에 진학하고 또 미래에 대한 희망을 갖고 열심히 살아가며 삶이 변화되는 모습을 보게 될 것입니다."

밀러드 풀러는 전 세계적으로 '사랑의 집짓기 운동'을 벌이고 있는 국제 해비타트(Habitat for Humanity International)의 설립자이다. 성공한 사업가이자 변호사였던 그는 30살의 나이에 커다란 저택과 250만 평의 토지를 소유하고, 호숫가의 별장과 호화로운 보트, 최고급 승용차를 소유하고 있었다. 그러나 행복해 보이는 그의 삶에 위기가 닥쳐왔다. 어느 날 아내 린다(Linda Fuller)가 그에게 말했다.

"나한테 과연 남편이 있는 것인지 모르겠어요. 아니, 내가 당신을 사랑하는지도 모르겠어요." 그렇게 말한 그녀는 집을 떠났다. 혼자 남은 밀러드는 너무 바빠서 아내와 두 아이의 얼굴을 볼 시간도 거의 없었던 지난날을 곰곰이 생각했다.

도대체 무엇을 위해 그렇게 바쁘게 뛰었던 것일까? 그는 사업 때문에 자신이 진정 원하는 것을 모두 잃어버렸다는 것을 깨달았다. 그는 아내를 찾아가서 눈물을 흘리면서 대화를 나누었다. 아내는 가슴속에 쌓인 응어리를 모두 털어놓았고, 두 사람은 소중한 것을 바탕으로 인생을 다시 설계하기로 굳게 약속했다. 그들은 전 재산을 팔아서 교회와 대학과 자선단체에 기부했다. 친구들은 미쳤다고 수군거렸지만, 밀러드는 그때만큼 정신이 멀쩡한 적은 없었다.

1973년, 풀러 부부는 아프리카 자이르로 건너가 가난한 흑인들을 위해 집을 지어주기 시작했다. 3년 동안 자이르 전역에 집을 짓는 성과를 거두자 두 사람은 자신들의 구상이 세계 어디서나 통할 수 있다는 믿음 갖게 되었다.

1976년, 두 사람은 미국으로 돌아와 '국제 해비타트 협회'를 창설했다. 해비타트란 사전적 의미로는 '보금자리'를 뜻한다. 젊은 날 밀러드는 천만장자가 되는 꿈을 가지고 있었지만 이제 그는 천만 명에게 집을 지어주겠다는 새로운 목표를 갖게 되었다. 밀러드의 구상은 '기본적인 선행과 사랑'으로 '무수익 - 무이자 대출'에 바탕을 둔 희망의 보금자리를 제공하는 것이었다.

해비타트는 자원봉사자들의 협력에 크게 의존하고 있지만 자선단체는 아니다. 혜택을 받는 가족들은 자기 집과 이웃집을 짓는 데 참여하여 수백 시간씩 땀 흘려 일한다. 또 새로 입주한 가족이 '무이자 - 무수익 저당'으로 대출을 받아 살면서 집값을 내면, 해비타트는 그 돈으로 더 많은 집을 짓는다. '사랑의 집짓기 운동'이 성과를 거두기 시작하자 차츰 개인·교회·기업 및 각종 사회단체가 관심을 갖기 시작하면서 국제적인 운동으로 자리 잡았다. 해비타트의 이념은 모든 경제, 종교, 사회, 인종 집단에 속하는 사람들을 결속시켰다.

밀러드는 전직 대통령 지미 카터에게 도움을 요청했다. 카터는 그의 요청에 응했고 누구보다도 열성을 다하는 참여자가 되었다. 카터와 그의 아내 로절린 여사가 작업복 차림으로 한낮의 뙤약볕 아래서 땀 흘려 일하는 기사가 나가자 해비타트는 더욱 유명해졌다.

"불량주택을 없애는 것이 우리의 꿈입니다. 그 꿈을 이루기 위해서는 우리 앞길에 놓여 있는 숱한 장애물을 뛰어넘어야 하겠지요. 그러나 차근차근, 한 번에 한 채씩 집을 짓다 보면, 언젠가는 목표를 이룰 수 있을 것입니다."

밀러드는 이렇게 소박한 꿈을 표현하고 있다. 국제 해비타트는 지금까지 이 운동으로 600여개 도시에서 집을 지었으며, 현재 인도네시아, 태국, 인도, 스리랑카 등 쓰나미 피해 국가에 총 35,000가구를 지어주고 있다.

지구온난화 방지
전도사

앨 고어

★ 앨 고어(Albert Arnold Gore, Jr, 1948년 ~)

앨 고어는 2000년 대선에서 낙선한 후, 급격한 체중증가와 우울증 등으로 건강악화 설이 꾸준히 제기되었으나, 환경운동가로 변신 하는데 성공해서 지구온난화 문제의 심각성을 알리기 위해 세계 각지를 돌며 1,000여 회가 넘은 강연을 하고 그 강연을 바탕으로 〈불편한 진실〉이란 책을 썼다. 이 책은 출간되자마자 〈뉴욕타임즈〉가 집계 한 페이퍼북 베스트셀러 1위에 올랐다. 그리고 영화제작자의 제안으로 만들어진 다 큐멘터리 〈불편한 진실〉은 2006년 5월말 미국에서 개봉되어 2,000만 명의 관객이 관람하는 공전의 히트작이 되었다. 〈불편한 진실〉에는 지구온난화의 위험을 잘 설명 해주는 개구리 실험이야기가 나온다.

"끓는 물이 담긴 통에 개구리를 넣으면 개구리는 곧 바로 뛰쳐나온다. 개구리는 순 간적으로 위험을 감지하기 때문이다. 그런데 같은 개구리를 미지근한 물에 넣고 서 서히 물을 데우면, 개구리는 위기가 코앞에 닥칠 때까지 꼼짝 않고 앉아 있다."

2007년 노벨 평화상은 미국 부통령을 지냈고 대통령 후보였던 앨버트 아널드 고어와 유엔정부간 기후변화위원회(IPCC)를 공동 수상자로 선정했다. 고어는 2000년 W 부시와의 대결에서 검표소동까지 가는 박빙의 승부를 벌였으나 패배를 결단력 있게 받아들여서 강한 인상을 남기고 정계를 떠났다. 낙선 직후 그는 한때 급격한 체중증가와 우울증 등으로 건강이 악화되기도 했으나 결연한 의지로 이를 극복하고 환경운동가로 변신했다. 고어의 환경운동은 어제 오늘의 일이 아니었다.

그는 대학 재학 중이던 1960년대 후반에 은사인 로저 레벨 교수의 영향으로 환경문제에 대해서 공부하기 시작해서 줄곧 환경운동에 투신해 온 열렬한 환경운동가였다. 하원의원 시절에는 의회 역사상 최초로 환경 청문회를 마련했고, 상원의원, 부통령 시절에는 리우회의 등 국제 환경 관련 회의를 주도했다. 부통령으로 당선된 1992년에는 '위기의 지구'라는 환경 책을 펴내 반향을 일으켰고, 교토의정서 창설을 통해 온실가스 배출 최소화에 앞장섰다.

고어는 2000년 대통령 선거에서도 환경문제를 주요한 이슈로 내걸었다. 하지만 당시 워싱턴의 정치 전략가들은 고어의 전략을 비판했다. 당장의 먹을거리와 여가에 관심을 쏟고 있는 유권자들에게 환경문제로는 어필할 수 없다는 것이다. 결국 고어는 국민투표에서 54만여 표를 앞서 1위를 기록했으나 미국의 독특한 제도 때문에 낙선하고 말았다. 그러나 과연 고어가 대통령에 떨어졌다고 실패한 정치인이 된 것일까?

고어는 일반 정치인과는 조금 다른 구석이 있었다. 그에게는 미래를 내다보는 선견력이 있었다. 그는 환경문제 외에도 그는 부통령 재임 중 정보고속도로(초고속 정보통신망)의 조기 건설과 더불어 미국 주도의 정보통신, 우주 및 국방 분야의 발전에 지대한 공헌을 한 인물이었다.

2001년 9.11테러가 일어나자 고어는 미국 국민들에게 불의에 맞서 일치단결을 호소했고 2003년 부시정권의 이라크 침공을 강력히 규탄하면서 재기에 성공했다. 그는 2005년 여름에 허리케인 카트리나가 미국 남부지역을 초토화시켰을 당시 구조헬기를 급파하여 200여명의 이재민들을 구조하는 등 각 분야에서 정치적 영향력을 발휘하여, 다시금 미국 국민들의 높은 지지를 얻어냈다.

오늘날 부시 행정부가 미국 역사상 가장 인기가 없는 행정부가 되었지만 고어는 노벨 평화상을 수상하면서 제2의 전성기를 구가하고 있다. 고어는 교토의정서를 반대하는 부시 행정부를 지속적으로 비판하면서 전 세계를 대상으로 환경운동에 몰두했다. 그는 세계 각지를 돌며 1,000회에 걸쳐서 지구 온난화 문제의 심각성을 알리는 슬라이드 쇼를 상연하고 강연을 하면서 '지구온난화 방지 전도사'로 변신 했다. 그 결과 그가 출연한 영화 '불편한 진실'은 아카데미상을 받았고 이어서 노벨상 수상의 영광까지 얻었다.

고어는 노벨평화상 수상식에서 최대 온실가스 배출국인 미국과 중국을 겨냥해 "기후변화에 가장 과감한 조치를 취하지 않으면 역사 앞에 실패에 대한 책임을 져야 할 것"이라고 경고하면서, 이제는 우리가 "지구와 화해를 해야 할 때"라고 밝혔다. 중요한 사실은 이번 미국 대선에서 환경문제가 최대의 이슈로 떠올랐다는 점이다.

환경문제를 도외시하던 공화당 후보들마저 앞 다투어 공약을 내놓기에 이르렀다. 미국 대선에서 그는 유보적 자세를 취하고 있지만 인기가 고공행진을 하면서 후보 추대의 움직임이 끊이지 않고 있다.

가림출판사 · 가림M&B · 가림Let's에서 나온 책들

아름다운 몸, 건강한 몸을 위한 **목욕 건강 30분**
임하성 지음 / 대국전판 / 176쪽 / 9,500원

내가 만드는 **한방생주스 60**
김영섭 지음 / 국판 / 112쪽 / 7,000원

몸을 살리는 건강식품
백은희 · 조창호 · 최양진 지음
신국판 / 384쪽 / 11,000원

건강도 키우고 성적도 올리는 자녀 건강
김진돈 지음 / 신국판 / 304쪽 / 12,000원

알기 쉬운 **간질환 119**
이관식 지음 / 신국판 / 264쪽 / 11,000원

밥으로 병을 고친다
허봉수 지음 / 대국전판 / 352쪽 / 13,500원

알기 쉬운 **신장병 119**
김형규 지음 / 신국판 / 240쪽 / 10,000원

마음의 감기 치료법 **우울증 119**
이민수 지음 / 대국전판 / 232쪽 / 9,800원

관절염 119
송영욱 지음 / 대국전판 / 224쪽 / 9,800원

내 딸을 위한 **미성년 클리닉**
강병문 · 이향아 · 최정원 지음
국판 / 148쪽 / 8,000원

암을 다스리는 **기적의 치유법**
케이 세이헤이 감수
카와키 나리카즈 지음 / 민병수 옮김 /
신국판 / 256쪽 / 9,000원

스트레스 다스리기
대한불안장애학회 스트레스관리연구특별위원회 지음
신국판 / 304쪽 / 12,000원

천연 식초 건강법
건강식품연구회 엮음 / 신재용(혜성한의원 원장) 감수
신국판 / 252쪽 / 9,000원

암에 대한 모든 것
서울아산병원 암센터 지음 / 신국판 / 360쪽 / 13,000원

알록달록 **컬러 다이어트**
이승남 지음 / 국판 / 248쪽 / 10,000원

당신도 부모가 될 수 있다
정병준 지음 / 신국판 / 268쪽 / 9,500원

키 10cm 더 크는 키네스 성장법
김양수 · 이종균 · 최형규 · 표재환 · 김문희 지음
대국전판 / 312쪽 / 12,000원

당뇨병 백과
이현철 · 송영득 · 안철우 지음
4×6배판 변형 / 396쪽 / 16,000원

호흡기 클리닉 119
박성학 지음 / 신국판 / 256쪽 / 10,000원

키 쑥쑥 크는 롱다리 만들기
롱다리 성장클리닉 원장단 지음
4×6배판 변형 / 256쪽 / 11,000원

내 **몸을 살리는 건강식품**
백은희 · 조창호 · 최양진 지음
신국판 / 368쪽 / 11,000원

내 몸에 맞는 운동과 건강
하철수 지음 / 신국판 / 264쪽 / 11,000원

알기 쉬운 **척추 질환 119**
김수연 지음 / 신국판 변형 / 240쪽 / 11,000원

베스트 닥터 박승정 교수팀의 **심장병 예방과 치료**
박승정 외 5인 지음 / 신국판 / 264쪽 / 10,500원

암 전이 재발을 막아주는 **한방 신치료 전략**
조종환 · 유화승 지음 / 신국판 / 308쪽 / 12,000원

식탁 위의 위대한 혁명 사계절 웰빙 식품
김진돈 지음 / 신국판 / 284쪽 / 12,000원

우리 가족 건강을 위한 **신종플루 대처법**
우준희 · 김태형 · 정진원 지음 / 신국판 변형 / 172쪽 / 8,500원

교 육

우리 교육의 창조적 백색혁명
원상기 지음 / 신국판 / 206쪽 / 6,000원

현대생활과 체육
조장남 외 5명 공저 / 신국판 / 340쪽 / 10,000원

퍼펙트 MBA
IAE유학네트 지음 / 신국판 / 400쪽 / 12,000원

유학길라잡이Ⅰ - 미국편
IAE유학네트 지음 / 4×6배판 / 372쪽 / 13,900원

유학길라잡이Ⅱ - 4개국편
IAE유학네트 지음 / 4×6배판 / 348쪽 / 13,900원

조기유학길라잡이.com
IAE유학네트 지음 / 4×6배판 / 428쪽 / 15,000원

현대인의 건강생활
박상호 외 5명 공저 / 4×6판 / 268쪽 / 15,000원

천재아이로 키우는 두뇌훈련
나가마츠 요시로 지음 / 민병수 옮김
국판 / 288쪽 / 9,500원

두뇌혁명
나가마츠 요시로 지음 / 민병수 옮김
4×6판 양장본 / 288쪽 / 12,000원

테마별 고사성어로 익히는 한자
김경익 지음 / 4×6배판 변형 / 248쪽 / 9,800원

生생 공부비법
이은승 지음 / 대국전판 / 272쪽 / 9,500원

자녀를 성공시키는 **습관만들기**
배은경 지음 / 대국전판 / 232쪽 / 9,500원

한자능력검정시험 1급
한자능력검정시험연구위원회 편저
4×6배판 / 568쪽 / 21,000원

한자능력검정시험 2급
한자능력검정시험연구위원회 편저
4×6배판 / 472쪽 / 18,000원

한자능력검정시험 3급(3급Ⅱ)
한자능력검정시험연구위원회 편
4×6배판 / 440쪽 / 17,000원

한자능력검정시험 4급(4급Ⅱ)
한자능력검정시험연구위원회 편
4×6배판 / 352쪽 / 15,000원

한자능력검정시험 5급
한자능력검정시험연구위원회 편저
4×6배판 / 264쪽 / 11,000원

한자능력검정시험 6급
한자능력검정시험연구위원회 편저
4×6배판 / 168쪽 / 8,500원

한자능력검정시험 7급
한자능력검정시험연구위원회 편저
4×6배판 / 152쪽 / 7,000원

한자능력검정시험 8급
한자능력검정시험연구위원회 편저
4×6배판 / 112쪽 / 6,000원

볼링의 이론과 실기
이태상 지음 / 신국판 / 192쪽 / 9,000원

고사성어로 끝내는 천자문
조준상 글 · 그림 / 4×6배판 / 216쪽 / 12,000원

논술 종합 비타민
김종원 지음 / 신국판 / 200쪽 / 9,000원

내 아이 스타 만들기
김민성 지음 / 신국판 / 200쪽 / 9,000원

교육 1번지 강남 엄마들의 **수험생 자녀 관리**
황송주 지음 / 신국판 / 288쪽 / 9,500원

초등학생이 꼭 알아야 할 **위대한 역사 상식**
우진영 · 이양경 지음
4×6배판 변형 / 228쪽 / 9,500원

초등학생이 꼭 알아야 할 **행복한 경제 상식**
우진영 · 전선심 지음
4×6배판 변형 / 224쪽 / 9,500원

초등학생이 꼭 알아야 할 **재미있는 과학상식**
우진영 · 정경희 지음
4×6배판 변형 / 220쪽 / 9,500원

한자능력검정시험 3급 · 3급Ⅱ
한자능력검정시험연구위원회 편저
4×6판 / 380쪽 / 7,500원

교과서 속에 꼭꼭 숨어있는 **이색박물관 체험**
이신화 지음 / 4×6배판 / 248쪽 / 12,000원

초등학생 독서 논술(저학년)
책마루 독서교육연구회 지음
4×6배판 변형 / 244쪽 / 14,000원

초등학생 독서 논술(고학년)
책마루 독서교육연구회 지음
4×6배판 변형 / 236쪽 / 14,000원

놀면서 배우는 경제
김솔 지음 / 대국전판 / 196쪽 / 10,000원

건강생활과 레저스포츠 즐기기
강선희 외 11명 공저 / 4×6배판 / 324쪽 / 18,000원

아이의 미래를 바꿔주는 좋은 습관
배은경 지음 / 신국판 / 216쪽 / 9,500원

다중지능 아이의 미래를 바꾼다
이소영 외 6인 지음 / 신국판 / 232쪽 / 11,000원

체육학 자연과학 및 사회과학 분야의 석 · 박사 학위 논문, 학술진흥재단 등재지, 등재후보지와 관련된 학회지 논문 작성법
하철수 · 김봉경 지음 / 신국판 / 336쪽 / 15,000원

공부가 제일 쉬운 공부 달인 되기
이은승 지음 / 신국판 / 256쪽 / 10,000원

글로벌 리더가 되려면 영어부터 정복하라
서재희 지음 / 신국판 / 276쪽 / 11,500원

중국현대30년사
정재일 지음 / 신국판 / 364쪽 / 20,000원

취미 실용

김진국과 같이 배우는 **와인의 세계**
김진국 지음
국배판 변형 양장본(올컬러) / 208쪽 / 30,000원

배스낚시 테크닉
이종건 지음 / 4×6배판 / 440쪽 / 20,000원

나도 디지털 전문가 될 수 있다!!!
이승훈 지음 / 4×6배판 / 320쪽 / 19,200원

건강하고 아름다운 **동양란 기르기**
난마을 지음 / 4×6배판 변형 / 184쪽 / 12,000원

애완견114
황양원 엮음 / 4×6배판 변형 / 228쪽 / 13,000원

법률 일반

여성을 위한 성범죄 법률상식
조명원(변호사) 지음/ 신국판 / 248쪽 / 8,000원

아파트 난방비 75% 절감방법
고영근 지음 / 신국판 / 238쪽 / 8,000원

일반인이 꼭 알아야 할 절세전략 173선
최성호(공인회계사) 지음 / 신국판 / 392쪽 / 12,000원

변호사와 함께하는 부동산 경매
최환주(변호사) 지음 / 신국판 / 404쪽 / 13,000원

혼자서 쉽고 빠르게 할 수 있는 소액재판
김재용 · 김종철 공저 / 신국판 / 312쪽 / 9,500원

"술 한 잔 사겠다"는 말에서 찾아보는 채권 · 채무
변환철(변호사) 지음 / 신국판 / 408쪽 / 13,000원

알기쉬운 부동산 세무 길라잡이
이건우(세무서 재산계장) 지음
신국판 / 400쪽 / 13,000원

알기쉬운 어음, 수표 길라잡이
변환철(변호사) 지음 / 신국판 / 328쪽 / 11,000원

제조물책임법
강동근(변호사) · 윤종성(검사) 공저
신국판 / 368쪽 / 13,000원

알기 쉬운 주5일근무에 따른 임금 · 연봉제 실무
문강분(공인노무사) 지음
4×6배판 변형 / 544쪽 / 35,000원

변호사 없이 당당히 이길 수 있는 형사소송
김대환 지음 / 신국판 / 304쪽 / 13,000원

변호사 없이 당당히 이길 수 있는 민사소송
김대환 지음 / 신국판 / 412쪽 / 14,500원

혼자서 해결할 수 있는 교통사고 Q&A
조명원(변호사) 지음 / 신국판 / 336쪽 / 12,000원

알기 쉬운 개인회생 · 파산 신청법
최재구(법무사) 지음 / 신국판 / 352쪽 / 13,000원

생활 법률

부동산 생활법률의 기본지식
대한법률연구회 지음 / 김원중(변호사) 감수
신국판 / 472쪽 / 13,000원

고소장 · 내용증명 생활법률의 기본지식
하태웅(변호사) 지음 / 신국판 / 440쪽 / 12,000원

노동 관련 생활법률의 기본지식
남동희(공인노무사) 지음 / 신국판 / 528쪽 /
14,000원

외국인 근로자 생활법률의 기본지식
남동희(공인노무사) 지음 / 신국판 / 400쪽 /
12,000원

계약작성 생활법률의 기본지식
이상도(변호사) 지음 / 신국판 / 560쪽 / 14,500원

지적재산 생활법률의 기본지식
이상도(변호사) · 조의제(변리사) 공저
신국판 / 496쪽 / 14,000원

부당노동행위와 부당해고 생활법률의 기본지식
박영수(공인노무사) 지음 / 신국판 / 432쪽 / 14,000원

주택 · 상가임대차 생활법률의 기본지식
김운용(변호사) 지음 / 신국판 / 480쪽 / 14,000원

하도급거래 생활법률의 기본지식
김진홍(변호사) 지음 / 신국판 / 440쪽 / 14,000원

이혼소송과 재산분할 생활법률의 기본지식
박동섭(변호사) 지음 / 신국판 / 460쪽 / 14,000원

부동산등기 생활법률의 기본지식
정상태(법무사) 지음 / 신국판 / 456쪽 / 14,000원

기업경영 생활법률의 기본지식
안동섭(단국대 교수) 지음 / 신국판 / 466쪽 /
14,000원

교통사고 생활법률의 기본지식
박정무(변호사) · 전병찬 공저
신국판 / 480쪽 / 14,000원

소송서식 생활법률의 기본지식
김대환 지음 / 신국판 / 480쪽 / 14,000원

호적 · 가사소송 생활법률의 기본지식
정주수(법무사) 지음 / 신국판 / 516쪽 / 14,000원

상속과 세금 생활법률의 기본지식
박동섭(변호사) 지음 / 신국판 / 480쪽 / 14,000원

담보 · 보증 생활법률의 기본지식
류창호(법학박사) 지음 / 신국판 / 436쪽 / 14,000원

소비자보호 생활법률의 기본지식
김성천(법학박사) 지음 / 신국판 / 504쪽 / 15,000원

판결 · 공정증서 생활법률의 기본지식
정상태(법무사) 지음 / 신국판 / 312쪽 / 13,000원

산업재해보상보험 생활법률의 기본지식
정유석(공인노무사) 지음 / 신국판 / 384쪽 /
14,000원

처 세

성공적인 삶을 추구하는 여성들에게 우먼파워
조안 커너 · 모이라 레이너 공저 / 지창영 옮김
신국판 / 352쪽 / 8,800원

利 이익이 되는 말 話 손해가 되는 말
우메시마 미요 지음 / 정성호 옮김
신국판 / 304쪽 / 9,000원

성공하는 사람들의 화술테크닉
민영욱 지음 / 신국판 / 320쪽 / 9,500원

부자들의 생활습관 가난한 사람들의 생활습관
다케우치 야스오 지음 / 홍영의 옮김
신국판 / 320쪽 / 9,800원

코끼리 귀를 담긴 원숭이-히딩크식 창의력을 배우자
강충인 지음 / 신국판 / 208쪽 / 8,500원

성공하려면 유머와 위트로 무장하라
민영욱 지음 / 신국판 / 292쪽 / 9,500원

등소평의 오뚝이전략
조창남 편저 / 신국판 / 304쪽 / 9,500원

노무현 화술과 화법을 통한 이미지 변화
이현정 지음 / 신국판 / 320쪽 / 10,000원

성공하는 사람들의 토론의 법칙
민영욱 지음 / 신국판 / 280쪽 / 9,500원

사람은 칭찬을 먹고산다
민영욱 지음 / 신국판 / 268쪽 / 9,500원

사과의 기술
김농주 지음 / 신국판 변형 양장본 / 200쪽 /
10,000원

취업 경쟁력을 높여라
김농주 지음 / 신국판 / 280쪽 / 12,000원

유비쿼터스시대의 블루오션 전략
최양진 지음 / 신국판 / 248쪽 / 10,000원

나만의 블루오션 전략 - 화술편
민영욱 지음 / 신국판 / 254쪽 / 11,000원

희망의 씨앗을 뿌리는 20대를 위하여
우광균 지음 / 신국판 / 172쪽 / 8,000원

끌리는 사람이 되기위한 이미지 컨설팅
홍순아 지음 / 대국전판 / 194쪽 / 10,000원

글로벌 리더의 소통을 위한 스피치
민영욱 지음 / 신국판 / 328쪽 / 10,000원

오바마처럼 꿈에 미쳐라
정영순 지음 / 신국판 / 208쪽 / 9,500원

여자 30대, 내 생애 최고의 인생을 만들어라
정영순 지음 / 신국판 / 256쪽 / 11,500원

인맥의 달인을 넘어 인맥의 神이 되라
서필환 · 봉은희 지음 / 신국판 / 304쪽 / 12,000원

아임 파인(I'm Fine!)
오오카와 류우호오 지음 / 4×6판 / 152쪽 / 8,000원

미셸 오바마처럼 사랑하고 성공하라
정영순 지음 / 신국판 / 224쪽 / 10,000원

용기의 법
오오카와 류우호오 지음 / 국판 / 208쪽 / 10,000원

긍정의 신
김태광 지음 / 신국판변향 / 230쪽 / 9,500원

명 상

명상으로 얻는 깨달음
달라이 라마 지음 / 지창영 옮김
국판 / 320쪽 / 9,000원

여학

2진법 영어
이상도 지음 / 4×6배판 변형 / 328쪽 / 13,000원

한 방으로 끝내는 영어
고제윤 지음 / 신국판 / 316쪽 / 9,800원

한 방으로 끝내는 영단어
김승엽 지음 / 김수경 · 카렌다 감수
4×6배판 변형 / 236쪽 / 9,800원

해도해도 안 되던 영어회화 하루에 30분씩 90일이면 끝낸다
Carrot Korea 편집부 지음 / 4×6배판 변형
260쪽 / 11,000원

바로 활용할 수 있는 기초생활영어
김수경 지음 / 신국판 / 240쪽 / 10,000원

바로 활용할 수 있는 비즈니스영어
김수경 지음 / 신국판 / 252쪽 / 10,000원

생존영어55
홍일록 지음 / 신국판 / 224쪽 / 8,500원

필수 여행영어회화
한현숙 지음 / 4×6판 변형 / 328쪽 / 7,000원

필수 여행일어회화
윤영자 지음 / 4×6판 변형 / 264쪽 / 6,500원

필수 여행중국어회화
이은진 지음 / 4×6판 변형 / 256쪽 / 7,000원

영어로 배우는 중국어
김승엽 지음 / 신국판 / 216쪽 / 9,000원

필수 여행스페인어회화
유연창 지음 / 4×6판 변형 / 288쪽 / 7,000원

바로 활용할 수 있는 홈스테이 영어
김형주 지음 / 신국판 / 184쪽 / 9,000원

필수 여행러시아어회화
이은수 지음 / 4×6판 변형 / 248쪽 / 7,500원

여행

우리 땅 우리 문화가 살아 숨쉬는 옛터
이형권 지음 / 대국전판(올컬러) / 208쪽 / 9,500원

아름다운 산사
이형권 지음 / 대국전판(올컬러) / 208쪽 / 9,500원

맛과 멋이 있는 낭만의 카페
박성찬 지음 / 대국전판(올컬러) / 168쪽 / 9,900원

한국의 숨어 있는 아름다운 풍경
이종원 지음 / 대국전판(올컬러) / 208쪽 / 9,900원

사람이 있고 자연이 있는 아름다운 명산
박기성 지음 / 대국전판(올컬러) / 176쪽 / 12,000원

마음의 고향을 찾아가는 여행 포구
김인자 지음 / 대국전판(올컬러) / 224쪽 / 14,000원

생명이 살아 숨쉬는 한국의 아름다운 강
민병준 지음 / 대국전판(올컬러) / 168쪽 / 12,000원

틈나는 대로 세계여행
김재ура 지음 / 4×6배판 변형(올컬러) / 368쪽 / 20,000원

풍경 속을 걷는 즐거움 명상 산책
김인자 지음 / 대국전판(올컬러) / 224쪽 / 14,000원

3.3.7 세계여행
김완수 지음 / 4×6배판 변형(올컬러) / 280쪽 / 12,900원

레포츠

인라인스케이팅 100%즐기기
임숙희 지음 / 4×6배판 변형 / 172쪽 / 11,000원

스키 100% 즐기기
김동환 지음 / 4×6배판 변형 / 184쪽 / 12,000원

태권도 총론
하웅의 지음 / 4×6배판 변형 / 288쪽 / 15,000원

수영 100% 즐기기
김종만 지음 / 4×6배판 변형 / 248쪽 / 13,000원

건강을 위한 웰빙 걷기
이강옥 지음 / 대국전판 / 280쪽 / 10,000원

쉽고 즐겁게! 신나게! 배우는 재즈댄스
최재선 지음 / 4×6배판 변형 / 200쪽 / 12,000원

해양스포츠 카이트보딩
김남용 편저 / 신국판(올컬러) / 152쪽 / 18,000원

골프

퍼팅 메커닉
이근택 지음 / 4×6배판 변형(올컬러) / 192쪽 / 18,000원

아마골프 가이드
정영호 지음 / 4×6배판 변형 / 216쪽 / 12,000원

골프 100타 깨기
김준모 지음 / 4×6배판 변형(올컬러) / 136쪽 / 10,000원

골프 90타 깨기
김광섭 지음 / 4×6배판 변형(올컬러) / 148쪽 / 11,000원

KLPGA 최여진 프로의 센스 골프
최여진 지음 / 4×6배판 변형(올컬러) / 192쪽 / 13,900원

KTPGA 김준모 프로의 파워 골프
김준모 지음 / 4×6배판 변형(올컬러) / 192쪽 / 13,900원

골프 80타 깨기
오태훈 지음 / 4×6배판 변형(올컬러) / 132쪽 / 10,000원

신나는 골프 세상
유응열 지음 / 4×6배판 변형(올컬러) / 232쪽 / 16,000원

이신 프로의 더 퍼펙트
이신 지음 / 국배판 변형 / 336쪽 / 28,000원

주니어출신 박영진 프로의 주니어골프
박영진 지음 / 4×6배판 변형(올컬러) / 164쪽 / 11,000원

골프손자병법
유응열 지음 / 4×6배판 변형(올컬러) / 212쪽 / 16,000원

박영진 프로의 주말 골퍼 100타 깨기
박영진 지음 / 4×6배판 변형(올컬러) / 160쪽 / 12,000원

10타 줄여주는 클럽 피팅
현세용 · 서주석 공저 / 4×6배판 변형(올컬러) / 184쪽 / 15,000원

단기간에 싱글이 될 수 있는 원포인트 레슨
권용진 · 김준모 지음 / 4×6배판 변형(올컬러) / 152쪽 / 12,500원

이신 프로의 더 퍼펙트 쇼트 게임
이신 지음 / 국배판 변형(올컬러) / 248쪽 / 20,000원

인체에 가장 잘 맞는 스킨 골프
박길석 지음 / 국배판 변형 양장본(올컬러) / 312쪽 / 43,000원

여성실용

결혼준비, 이제 놀이가 된다
김창규 · 김수경 · 김정철 지음 / 4×6배판 변형(올컬러) / 230쪽 / 13,000원

아동

꿈도둑의 비밀
이소영 지음 / 신국판 / 136쪽 / 7,500원

바리온의 빛나는 돌
이소영 지음 / 신국판 / 144쪽/8,000원

A GREAT DECISION

어떻게 하는가

위대한 결단은

2018년 8월 20일 제1판 1쇄 발행
지은이 / 이채윤
펴낸이 / 강선희
펴낸곳 / 가림출판사

등록 / 1992. 10. 6. 제4-191호
주소 / 서울시 광진구 영화사로 83-1(구의동) 영진빌딩 5층
대표전화 / 02-458-6451   팩스 / 02-458-6450
홈페이지 http://www.galim.co.kr
이메일 galim@galim.co.kr

값 16,000원

ISBN 978-89-7895-410-5 13320

이 책은 《위대한 결단》의 제호를 변경한 도서입니다